KB134310

현장문제해결 ❸

제안활동
Q&A150

김창남 지음

한국표준협회미디어

현장문제해결 ③

제안활동 Q&A 150

발 행 일	2013년 8월 25일 초판 1쇄 발행
저 자	김 창 남
발 행 인	이 종 업
발 행 처	한국표준협회미디어
출판등록	2004년 12월 23일(제2009-26호)
주 소	서울 금천구 가산동 371-50 에이스하이엔드 3차 1107호
전 화	02-2624-0362
팩 스	02-2624-0369
홈페이지	http://www.ksamedia.co.kr

ISBN 978-89-92264-61-7 94320
ISBN 978-89-92264-58-7(세트)

값 15,000원

머리말

요사이 우리 주변에서 심심치 않게 나오는 단어가 '창조'란 단어이다.

'창조 경제', '창조 경영', '창조 건축', '창조 과학', '창조 도시' 등 여기저기서 쉽게 눈에 띈다. 이는 미래 사회에 있어서의 모든 것은 창의력을 기반으로 이루어져야 한다는 의미로 해석할 수 있으며, 특히 기업 경영에 있어서 창조 활동은 뭐니뭐니해도 제안 활동을 빼놓고 얘기할 수가 없다. 많은 기업들이 신제품, 신제도, 신프로세스 등 현재의 상황을 좀 더 발전시키기 위해서 제안 제도라는 것을 도입해 활동하고 있다.

하지만 많은 기업들이 제안 활동의 필요성을 인식하는 것에 비해 실제 현장에서는 그리 활발하지 않은 것이 현실이다. 이런 상황이 벌어지는 이유를 찾아보면 여러 요인이 있겠지만 필자의 경험으로 판단해 볼 때 가장 큰 이유는 바로 제안 활동에 대한 방법을 모른다는 것이다. 기업 경영자 입장에서는 바로 효과를 보고 싶은 욕심에 꼼꼼한 준비도 하지 않은 채 서둘러 제안 제도를 시행하다 보니 체계적인 활동이 되지 못하는 사태가 벌어지는 것이다.

이에 필자는 성공적인 제안 활동을 운영하기 위해서 각 기업에서 발생하고 있는 각종 애로 사항이나 궁금증을 현장 지도 경험을 바탕으로 하여 도움이 되고자 하였다. 실제 현장에서 발생하였던 각종 문제점을 '의사가 환자를 돌보는 마음'으로 환부(患部)를 진단하여 적재적소의 '맞춤식 치료'를 하는 것이다.

이 책의 전체적인 구성은 전반부에서는 제안 활동 인프라 구축, 제안 활동 실시 단계인 착안 및 제안서 작성, 접수 및 검토, 실시 및 효과 파악, 심사 및 포상 및 사후 관리 방법에 대해 소개를 하였다. 중반부에서는 제안 활동의 핵심이라 할 수 있는 부분으로, 아이디어 발상 기법들에 대해 현장에서 많이 활용되고 있는 기법들을 중심으로 엮었다. 특히 이 부분에서는 아이디어 발상 기법을 접목하여 실제 상품화된 사례들을 소개함으로써 현실감을 한층 더 높였다.

후반부에서는 제안 활동이 활성화되지 않는 이유에 대해 국내의 많은 기업에서 발생했던 다양한 사례를 통하여 자사의 활동에 반영할 수 있도록 쉽게 안내하고, 정부 주관으로 시행되고 있는 제안 경진대회와 특허 출원 방법에 대해서도 소개하고 있다.

그리고 이 책은 제안 활동에 대한 이론적인 연구보다는 실제 각 기업에서 발생하였던 활동 사례를 제공함으로써, 제안 활동에 문제를 겪고 있는 많은 기업들에 대해 '사막의 오아시스'와 같은 존재가 될 수 있도록 기획하였다.

끝으로 이 책이 출판될 수 있도록 힘을 써 주신 한국표준협회미디어 이종업 사장님, 한병식 이사, 송대헌 부장, 최성준 대리께 감사를 드리고, 바쁜 가운데서도 원고 작성을 위해 타이핑과 교정을 열심히 해준 아내 백혜정, 아들 민규, 딸 가연에게도 아빠의 사랑을 전한다.

2013년 8월

김 창 남

차 례

2. 마인드 고취

PART 02 | 착안 및 제안서 작성

PART 03 | 접수 및 검토

PART 04 | 실시 및 효과 파악

PART 05 | 심사 및 포상

PART 06 ┃ 사후 관리

PART 07 ┃ 아이디어 발상 기법

1. 개요

2. 브레인스토밍

PART 09 | 제안 경진대회

PART 10 | 특허

/ 참고 문헌 /

PART
01

···

활동 인프라 구축

Q1 제안의 분류 방법에는 어떤 것이 있는지 알려
주세요.

 일반적으로 제안은 참여 인원 또는 실시에 따라
분류합니다.

◈ 참여 인원에 따른 분류

‣ 개인 제안 : 개인의 아이디어를 개인 명의로 제출하
는 제안입니다.

‣ 공동 제안 : 2인 이상이 서로 협동하여 아이디어를
공동 명의로 제출하는 제안입니다. 분임조원이 테마
해결 중 함께 제출하는 제안 역시 공동 제안에 속합
니다.

◈ 실시에 따른 분류

‣ 아이디어 제안 : 제출된 아이디어가 구상은 좋으나

기술적·경제적 또는 다른 사유로 인하여 실시가 불가능할 때 제안 내용으로서만의 가치를 인정하는 제안입니다.

- 실시 제안 : 제출된 아이디어에 대해 실제로 실시해 본 후 제출된 제안 또는 제안 후 실시를 완료한 제안으로, 일명 '실시 후 제안', '실시 완료 제안'이라고도 합니다.

Q2 제안은 자기의 업무를 우선적으로 개선해야 하는지, 타인의 업무를 우선적으로 개선해야 하는 건지 잘 모르겠습니다. 또한 제안에 대한 업무 범위를 알기 쉽게 설명해 주세요.

A 우선 제안의 범위라 함은 경영 합리화, 업무 개선, 사기 향상 등 회사 및 임직원과 관계가 있는 모든 사항을 대상으로 하며, 이를 개선하기 위해 창의적 의견 또는 고안 등을 제시함을 말합니다. 기본적으로 본인의 업무 개선까지도 그 영역으로 둡니다.

또한 제안이란 크고 거창한 혁신적인 일보다는 작고 즉 실천적인 개선을 우선으로 합니다. 업무 측면에서는 자신의 일을 자신이 스스로 개선하여 제안할 수 있으며, 타인의 업무를 개선 요청할 수도 있습니다.

이러한 관계를 좀 더 알기 쉽게 도식화하면 다음 〈그림〉과 같습니다.

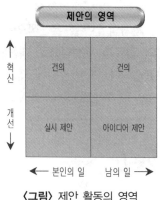

제안의 영역

혁신 / 개선

| | 건의 | 건의 |
| 실시 제안 | 아이디어 제안 |

← 본인의 일   남의 일 →

〈그림〉 제안 활동의 영역

위 〈그림〉의 정의가 절대적인 기준은 될 수 없으며, 기업의 상황에 따라 조정이 가능합니다. 예를 들어 자신의 업무에 대한 아이디어를 스스로 제안할 수도 있기 때문입니다.

다음으로 자기 일을 먼저 개선하는 것인지, 타인의 일을 먼저 개선해야 하는 것인지에 대한 우선 순위는 없습니다.

단지 자기 일은 자기가 가장 잘 알기 때문에 아이디어를 창출하거나 창출된 아이디어를 적용하기가 수월한 반면에, 남의 일은 개선 아이디어를 찾기가 어려우며 실시 또한 본인이 할 수 있는 것이 아니기 때문에 실행에 다소 시간이 지연되는 경우가 많이 발생합니다.

Q3

제안 활동을 하다 보면 아이디어 제안, 실시 제안, 과제 제안 등의 용어들이 나오는데 제안을 어떻게 구분한 것인지, 또한 정확히 무슨 의미인지 알 수가 없습니다. 알기 쉽게 설명해 주세요.

A

우선 제안 종류를 분류하는 방법은 참여 인원에 따라 개인 제안인지, 공동 제안인지를 나누고, 실시 여부에 따라 아이디어 제안인지, 실시 제안인지를 구분합니다. 또한 제안 내용에 따라 과제 제안, 업무 제안, 메모 제안 등으로도 분류합니다. 각종 분류 기준에 따른 내용을 정리하면 다음 〈표〉와 같습니다.

〈표〉 제안의 분류

구 분	종 류	내 용
참여 인원에 따른 분류	개인 제안	개인의 아이디어를 개인 명의로 제출하는 제안
	공동 제안	2인 이상이 서로 협동하여 아이디어를 공동 명의로 제출하는 제안(분임조원이 테마 해결 중 함께 제출하는 제안 역시 공동 제안에 속함)

구분	종류	내용
실시에 따른 분류	아이디어 제안	제출된 아이디어에 대해 실시 부서의 검토(채택/불채택)를 거쳐 실시하는 제안으로 사전 제안이라고도 함
	실시 제안	제출된 아이디어에 대해 실제로 실시해 본 후 제출된 제안으로, 실시 후 제안 또는 실시 완료 제안이라고도 함
내용에 따른 분류	과제 제안	전사 또는 부서 차원의 과제에 대한 해결 방안을 제시하는 제안. 회사, 부서 또는 윗사람이 특정 목적을 위해 일정 기간 동안 특정 주제를 정해 시행하는 제안
	업무 제안	자신의 업무와 관련된 문제점을 개선할 수 있는 방법을 제시한 제안
	메모 제안	문제점이나 개선 아이디어를 20자 내외로 요점만 기재한 제안으로 즉흥 제안이라고도 함
기타 분류	전략 제안	새로운 사업이나 시장, 제품 등 새로운 상권 확대와 관련한 제안
	교육 제안	사내 직원들에게 본인이 알고 있는 지식을 전달하고 이를 제안으로 제출한 제안
	견문 제안	해외 출장자가 해외 견문에 대한 자신의 의견을 제출하는 제안
	지식 제안	개인의 비법(노하우)을 조직 전체에 전수하기 위한 제안
	협력사 제안	모기업의 제품이나 프로세스에 대해 개선 내용을 제출하는 제안
	고객 제안	자사의 제품이나 서비스에 대하여 고객이 제출하는 제안

Q4 '건의 사항'과 '제안'은 다른 건가요? 작업에 필요한 걸 해달라고 하는 것은 건의이고, 문제점을 고치는 것은 제안인가요?

A '제안(提案)'이란 개선하고자 하는 사항에 대하여 현상 또는 문제점뿐만 아니라 구체적인 개선 방법까지를 제시한 것이고, '건의(建議)'란 현상 또는 문제점을 제시한 정도에서 그친 것을 말합니다.

예를 들어 설명해 드리면 'Y'사의 경우 사무실에 들어갈 때 항상 실내화로 갈아 신도록 되어 있으며 현관 입구에 직원용, 방문객용 신발장을 비치해 두었습니다.

그러나 신발장 속에 실내화가 있는지 실외화가 있는지 신발장을 열어 봐야 알 수 있어, 실내화 찾기가 매우 번거로웠습니다.

이럴 경우 '사무실 출입 시에 실내화 찾기가 불편하니 개선해 주시기 바랍니다'라는 내용 정도로 제안을 하였다면 이것은 건의라고 할 수 있으며, 다음 〈그림〉처럼 구체적인 개선 방안까지 제시하였다면 제안으로 볼 수 있습니다.

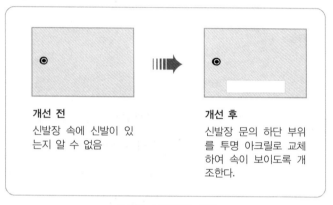

개선 전
신발장 속에 신발이 있는지 알 수 없음

개선 후
신발장 문의 하단 부위를 투명 아크릴로 교체하여 속이 보이도록 개조한다.

〈그림〉 신발장의 개선

A 건의는 누구나 쉽게 할 수 있지만, 제안을 하려면 현재의 문제점을 관찰하고 손쉽게 이를 개선할 수 있는 대안을 연구하여 제출해야 하므로 많은 노력이 들어갈 수밖에 없습니다. 따라서 회사에서는 노력의 대가를 제안자에게 지불하고, 제안을 실행할 부서에서는 곧바로 시행할 수 있는 장점이 있습니다.

모든 제안이 건의 차원에서 끝난다면 회사 차원에서는 아무런 효과가 없기 때문에 모든 아이디어는 구체화되어 실행할 수 있고, 그것의 효과가 단위 작업, 부서, 회사 차원에서 발생되어야 제안 제도의 진정한 의미가 살아나는 것입니다, 나쁘게 말해서 건의는 불평·불만의 나열이라고도 볼 수 있는 것이며, 누구나 불평·불만은 할 수 있지만

그것을 해결할 수 있는 대안을 찾는 것은 시간과 노력이 필요한 것이지요,

좀 더 '건의'와 '제안'의 차이에 대한 이해를 위하여 몇 가지 예를 들어 설명 드리면 다음 〈표〉와 같습니다.

〈표〉 건의와 제안의 차이

NO	건 의	제 안
1	화장실의 휴지가 자주 떨어지니 개선이 필요하다.	화장실에 휴지걸이를 2개씩 비치하여 한 개가 떨어지면 즉시 보충한다.
2	식당의 반찬이 맛이 없다.	식당 출구에 그 날 반찬의 만족 정도를 체크할 수 있도록 구슬을 준비하여 반응도를 조사하자.
3	매월 제안 우수자에게 인센티브를 추가하자.	매월 제안 우수자에게는 사내 주차 구역을 한 달 동안 지정하여 사용하게 하자.
4	외부 방문객이 사내 출입 시 신발장에 슬리퍼가 있는지 알 수가 없다.	방문객용 신발장은 내부가 보이도록 개조하여 밖에서도 슬리퍼가 있는지 없는지 쉽게 확인 할 수 있도록 하자.
5	6시그마를 활성화하자.	개인 명함에 6시그마 자격을 취득한 자에게는 해당 자격(블랙 벨트, 그린 벨트 등) 내용을 인쇄하여 사용하게 함으로써 개개인의 6시그마에 대한 관심을 향상시키자.

Q6 제안을 하면 매번 '제안이 아니라 건의'라고 하여 반려가 되는데, 제안에 해당되지 않는 항목이나 건의에 대한 설명 좀 부탁드립니다.

A 제안은 열심히 하시는데, 자주 반려되고 있군요. 아마 귀하의 제안 작성 방식에 조금 부족함이 있지 않을까 생각합니다.

우선 제안과 건의에 대해 말씀을 드리자면 '제안'이란 문제점을 제시하고 이를 개선할 수 있는 방안까지를 모두 제시(그림, 사진 또는 문장으로)하는 것이며, '건의'란 문제점 제시에 그친 것을 말합니다.

제안은 해결 방안이 함께 제시되기 때문에 실행이 가능하지만, 건의란 개선 방안이 도출되지 않아 자칫 잘못하면 문제점을 외치는 구호에 지나지 않을 수가 있게 됩니다. 따라서 현장 개선을 위해서는 건의가 아닌 제안을 해야 합니다.

다음 〈그림〉과 같이 어떤 문제점에 대하여 개선안이 구체

적으로 제시가 되지 않은 경우는 건의(NO 1, NO 3)로 판정
할 수 있으며, 제안자가 생각하는 구체적인 아이디어가 제
시되었다면 제안(NO 2, NO 4)으로 판정할 수 있습니다.

또한 일반적으로 제안으로 적절하지 못한 내용들로는
다음과 같은 것이 있습니다.

- 업무나 작업의 불평을 호소한 것
- 너무 추상적인 의견
- 개선이 아니라 개악(改惡)으로 나타나는 사항
- 기존의 제안과 너무 유사하거나 분할된 제안
- 투자되는 비용에 대비하여 효과는 거의 없는 제안

NO	문제점	개선안	판정 제안	판정 건의
1		화장실에 휴지가 떨어지지 않게 하자.		●
2	화장실에 휴지가 떨어진 채 있는 경우가 자주 발생한다.	좌측처럼 휴지걸이를 2개로 만들어 한 개에 휴지가 떨어지더라도 여유분 휴지를 사용할 수 있도록 하고 여유분을 사용하는 동안 아무 때나 여유분 휴지를 다시 보충하게 하자.	●	
3		고객들이 쉽게 실내용 슬리퍼를 찾을 수 있게 하자.		●
4	고객들이 방문 시 실내화가 들어 있는 신발장을 찾기 힘들다.	신발장 안이 보이도록 개조하여 외부 방문객들이 실내화가 들어 있는 신발장을 바로 찾을 수 있게 하자.	●	

〈그림〉 제안과 건의 사례

Q7 개선 제안과 즉실천의 차이점은 무엇인가요?

A 제안 활동보다는 즉실천 활동에 중점을 두어 설명 드리겠습니다. 모두 다 개선을 위한 도구라는 것은 같지만, 제안 활동은 주로 개인의 지식이나 경험에 의한 아이디어를 활용하여 제안서를 작성하고 검토(채택/불채택) → 실시 → 포상의 프로세스를 운영하는데 반하여, 즉 실천 활동은 주로 팀을 구성하여 자주적인 개선 활동을 수행하는 것이 특색입니다.

즉실천 활동은 다른 개선 활동에 비해 문제에 대한 즉각적인 실행을 통하여 곧 바로 효과까지도 파악함으로써 그야말로 '스피드형' 개선 활동을 실시하는 것이 장점입니다. 우리가 생활하고 있는 현장에서는 하루에도 수없이 많은 문제들이 발생하고 있습니다. 하지만 이를 해결하기 위하여 회사의 절차나 정형화된 개선 단계에 따라 현상과 원인을 분석하고 해결하는 것이 개선 활동을 하는 데 있어서 인력과 시간이 너무 소요됨에 따라 일부 활동은 문제 파악만을 수행하고 포기하게 되는 경우도 발생합니다.

즉실천 활동이란 이런 단점을 극복하기 위하여 깊이 있고 분석적인 활동이 필요 없는 사항에 대하여는 정형화된 절차보다는, 그 자리에서 즉각(일반적으로 일주일 이내) 해결함으로써 현장 작업자들의 개선 의욕을 향상시키고 회사의 낭비 요소 제거와 생산적 증대에 박차를 가하는 활동입니다.

또한 즉실천 활동 방법의 순서는 정형화된 절차보다는 회사 실정에 맞추어 적절히 운영의 묘를 살리는 것이 바람직합니다.

Q8

제안 제도와 분임조 활동의 차이점은 무엇입니까?

A 　모두가 업무나 제품의 질을 향상시키기 위한 제도인데 실행 방법에 있어서 많은 차이점이 있습니다.

개선 활동은 소집단이란 조직 체계를 구성하여 여러 사람들이 머리를 맞대고 문제점을 분석하여 그 문제점에 대한 원인과 대책을 스스로 실행하는 활동인 반면에, 제안 활동은 별도의 조직 체계를 구성하기 보다는 개개인이 주체가 되어 스스로 문제점을 파악하고 본인이 직접 해결(실시 제안) 하거나, 아니면 그 아이디어에 대한 실행을 관련자에게 요청하여 해결(아이디어 제안)하는 방법입니다.

이 두가지 방법 모두가 문제 해결에 있어서 나름대로의 장점을 가지고 있는 활동입니다.

하지만 소집단 활동은 주로 단일 공정에 여러 작업자가

많을 경우에 실행이 용이하며, 제안 활동은 회사 규모나 공정 구성에 제한을 받지 않고 자유롭게 실시할 수 있는 장점이 있습니다.

분임조 활동 및 제안 활동에 대한 다양한 측면에서의 차이점을 다음 〈표〉에 제시해 드리니 참조하시기 바랍니다.

〈표〉 분임조 활동과 제안 활동 비교

구 분	분임조 활동	제안 활동
목 적	상호 개발	자기 계발
회 합	있음	없음
발상원	소집단	개인
개선 활동 단계	있음	없음
주 제	공통 주제	개인 아이디어
평 가	과정 중시	결과 중시
	유·무형 효과 중시	유형 효과 중시
	과정 및 결과 평가	결과 평가
제안 방법	실시 후 제안	실시 전·후 제안

Q9 제안 활동의 정의에 대해 상세히 설명해 주십시오.

A 제안 활동이란 '직원들의 창의, 착상을 경영에 반영하여 개개인으로 하여금 일에 대한 보람과 안정감, 소속감을 만족시킴으로써 인간관계를 원만하게 조성하여, 근무 의욕을 높이려는 인간관계적 기술'이라고 데일 요다(Dale Yoda) 교수는 정의하고 있습니다.

하지만 이론적으로 정확한 정의를 내리다 보면 그것을 읽는 사람이 더 혼란이 올 수 있는 경우도 있습니다.

쉽게 설명하면 '회사 생활을 하면서 개개인이 느끼는 아이디어를 업무에 반영·개선함으로써 기업의 생산성을 향상하는 활동'이라고 하면 될 것 같습니다.

아이디어를 통하여 개선하고자 하는 항목은 크게 6가지로 구분할 수 있습니다.

첫째, 품질을 높인다(Quality).

둘째, 비용을 절감한다(Cost).

셋째, 납기를 맞춘다(Delivery).

넷째, 안전성을 높인다(Safety).

다섯째, 직원들의 사기를 높인다(Morale).

여섯째, 생산성을 높인다(Productivity).

상기의 여섯 가지 항목에 대하여 개선을 실시함으로써 회사 측면에서는 낭비 요소를 배제할 수 있으며, 개인으로서는 회사 낭비 요소를 제거한 대가로서 여러 가지 인센티브를 부여받을 수 있습니다.

사실 인센티브보다 더 중요한 것은 개인의 창의력이 자기도 모르게 개발되어 자기 발전의 초석을 마련할 수 있다는데 큰 의미를 둘 수 있습니다.

Q10 제안 활동에서 무형 효과만 발생하는 것도 제안에 포함되는지요?

A 당연히 제안에 포함됩니다.

원래 무형 효과의 의미는 효과가 발생하는 것은 분명하지만, 금액적으로 환산하기가 어렵거나 설령 금액으로 환산하더라도 정확성의 결여로 인하여 금액으로 표현하지 않는 것이 바람직할 경우에 표현하는 방법입니다.

예를 들어 작업장의 이동 거리 감소, 안전 사고율 감소, 환경 개선, 교육 훈련 방법 개선 등이 이에 해당할 수 있습니다.

때문에 어느 회사나 제안 심사 시 유형 효과와 무형 효과 중에 택일하여 평점하도록 심사표가 구성되어 있습니다.

Q11 아이디어 제안 제도와 실시 제안 제도의 처리
순서의 차이를 알려 주세요.

A 아이디어 제안이란 개선 방안을 제안 후 그것이
채택되었을 때 실시하는 제안을 말하며, 사전 제
안이라고도 합니다.

이에 반해 실시 제안은 개선 방안을 우선 자체적으로 실
시한 후 효과가 있다고 판단되는 개선 내용을 제안서에 작
성하여 제출하는 것으로 사후 제안이라고 합니다.

이 두 가지 제도에 대한 장·단점 비교를 위하여 아이디
어 제안에 대한 처리 프로세스를 설명 드리면 다음 〈그림
1〉과 같습니다.

아이디어 제안을 하면 검토 부서(제안을 실시할 부서)에
서 접수 후 제안의 타당성(효과성)을 검토하고, 타당하다
고 판정되면 실시 예정일을 기재하여 제안 주관 부서로 통

보를 합니다.

이후 제안 내용을 실시하는데 이 단계에서 업무가 바쁘다는 이유로 제안의 실시가 지연되는 경우가 많이 발생합니다. 또한 제안 주관 부서에서는 제안의 실시 여부를 계속 모니터링해야 하고, 지연이 될 경우에는 독촉도 해야 하기 때문에 업무 로스가 많이 발생합니다.

이에 반해 실시 제안은 본인이 실시하거나 관련 부서에서 실시하거나 실시가 완료된 사항에 대하여 제안서를 제출함으로써 제안을 실시와 관련된 부서의 업무 로스가 전혀 발생하지 않는 장점이 있습니다.

실시 제안에 대한 처리 프로세스를 설명 드리면 다음 〈그림 2〉와 같습니다.

실시 제안의 이런 장점 때문에 제안 제도가 어느 정도 정착된 기업에서는 실시 제안 제도를 많이 독려하고 있습니다.

〈그림 1〉 아이디어 제안 프로세스

〈그림 2〉 실시 제안 프로세스

Q12 아이디어 제안과 실시 제안의 장·단점을 알고 싶습니다.

A 아이디어 제안의 장점은 제3자의 검토를 통하여 실시되는 탓에 실패 확률이 적고 우수한 제안이 많이 나올 수 있으며, 단점으로는 자율적인 제안 활동이 저해되거나 아이디어가 사장될 수 있습니다.

실시 제안 장점은 제안 처리에 소요되는 공수가 절감되고 자율적인 개선활동이 촉진되는 반면에, 낮은 등급의 제안이나 유사 제안이 많이 발생하는 단점이 있습니다.

아이디어 제안과 실시 제안의 장·단점을 비교하면 다음 〈표〉와 같습니다.

〈표〉 아이디어 제안과 실시 제안 장·단점 비교

구분	아이디어 제안	실시 제안
대상 업종	- 서비스업, 공공 부문 - 제안 적용을 위해 사전에 충분한 검토가 필요한 업종	- 제조업 - 즉실천이 가능한 업종
장점	- 개선 실패 확률이 낮다. - 우수한 아이디어 한 건이 큰 효과로 이어진다. - 많은 양의 개선안이 도출 될 수 있다.	- 제안을 관리하기 위한 공수가 절감된다. - 자율적인 개선이 가능하다. - 개선 효과 산출이 확실하다
단점	- 제안에 대한 관리가 복잡해진다(실시 제안에 비해 장시간 소요). - 자율적인 제안 활동이 어렵다. - 채택률이 낮을 수 있다. - 아이디어가 사장될 수 있다.	- 제안의 질이 떨어진다. - 유사·중복 제안이 많다. - 저등급 제안이 많다. - 개선 실패 확률이 높다.

Q13

제안 제도를 처음 도입하는 회사입니다. 아이디어 제안과 실시 제안을 모두 해야 하는 것인지요? 또한 이 2가지 제안 방법을 모두 시행할 때 제안 건수 관리와 포상 방법의 차이가 있다면 알려 주세요.

A 제안 제도의 도입 초기에는 아이디어 제안(사전 제안)과 실시 제안을 구분하지 않고 모두 권장하는 것이 좋습니다. 아이디어 제안을 배제하고 실시 제안만 선호하다 보면 점점 제안 건수가 줄어들어 버리고 말 것입니다. 아이디어 제안과 실시 제안은 모두 각각의 장점이 있는 제도이기 때문입니다.

물론 장래에 회사의 제안 제도가 정착되어 경영 성과와 직결된 제안 제도의 레벨업을 꾀한다면 미래 지향적 제안 제도인 실시 제안만을 운영하면 됩니다.

그러나 도입 초기에는 제도 운영상 아이디어 제안과 실시 제안의 장점이 모두 살아날 수 있도록 아이디어 제안과 실시 제안의 운영 체계를 다음 〈표〉와 같이 설정하여 관리 방법의 차등화를 두는 등 여러 가지 운영의 묘를 살려 실시하면 됩니다.

〈표〉 아이디어 제안과 실시 제안 관리 방법

구 분		아이디어 제안	실시 제안
제안 실적 관리	제안 건수	제안서를 사무국 제출 시 적용	제안서를 사무국 제출 시 적용
	채택 건수	실시 부서 채택 시 적용	실시 완료 후 사무국 제출 시 적용
포상	참가상	실시 부서 채택 시 지급	실시 제안 제출 시 지급
	평점 포상	아이디어 제안 평점 기준표	실시 제안 평점 기준표
기 타		• 제안 부서와 실시 부서 간의 원활한 업무 협조 필요 • 제안제도 운영 초기단계 회사에 적합 • 중앙 집중식 운영 방식	• 제작실 등의 환경구축 필요 • 제안 제도 활성화, 안정화 단계 회사 적합 • 자주 관리 운영 방식

Q14 제안의 제출 건수에 비해 채택률이 몹시 저조합니다. 채택률 향상 방법을 알고 싶습니다.

A 　두 가지 방향으로 생각해 볼 수 있겠습니다.

　첫째는 제안 작성자에 대한 문제입니다,

　대부분의 제안 작성자가 제안과 건의 사항을 혼동하는 경우가 많습니다.

　예를 들어 '화장실이 더러우니 깨끗하게 사용하자', '작업장 정리 정돈을 잘하자', '이면지를 적극 사용하자' 등의 불편 사항이나 개선 요구 사항에 대한 기술만으로는 제안이 될 수 없습니다.

　화장실을 깨끗하게 사용하게 하려면 어떤 방법을 시행하면 되는지를 구체적으로 제시하여, 곧 바로 실시가 가능하도록 하는 것이 비로소 제안입니다.

　즉 어떤 상황에 대하여 문제점을 지적하는 데서 그치지

밀고, 문제점을 해결하기 위한 방법을 자세하게 기술하는 것이 진정한 제안인 것입니다.

둘째는 제안 검토자에 대한 문제입니다.

아무리 좋고 구체적으로 개선 수단이 기재된 제안서라도 제안을 실시해야 하는 담당자가 자기 일이 많아진다는 부담감에 어떤 이유를 달아 불채택시키는 경우도 있습니다.

이럴 경우에는 QM사무국 제안 담당자가 불채택 제안에 대하여 다시 한 번 불채택 사유의 타당성을 재확인하는 조치가 필요합니다.

또한 제안 검토자에게 불채택 사유를 좀 더 명확하고 자세하게 기록하도록 교육시킬 필요도 있습니다. 또한 제안자가 불채택 사유에 대하여 수긍하기 어려울 때는 '제안 재검토 의뢰서' 등을 사용하여 이미 검토된 제안을 재검토하는 제도를 활용하는 방법도 있습니다.

Q15   개선 제안은 제품을 만드는 공정에서만 하는 것인지요?

A   천만에 말씀입니다.

제안이란 시간, 장소(부서 또는 공정)에 전혀 제한을 받지 않으며 사람이 사는 곳이면 어느 곳에서나 가능합니다. 또한 제안을 쉽게 하기 위해서는 우선 제안을 거창한 것으로 생각하지 마세요. 불편함을 없애는 것, 좀 더 편안하게 하는 것, 좀 더 빠르게 하는 것, 좀 더 싸게 하는 것 등, 인간이면 누구나 생각하게 되는 것 그것 자체가 제안입니다.

예를 들어 지퍼가 원활하게 작동되지 않을 때 무리하게 힘을 주는 것보다 양초를 칠하면 아주 원활하게 작동됩니다.

이런 것이 제안입니다. 제안을 잘하는 사람과 못하는 사람의 차이는 문제가 생겼을 때 '안 되는 것이 당연하다'고 생각하는 것과 '혹시 잘되게 하는 다른 방법은 없을까'하고 한 번 생각해 보는 차이입니다. 한 번의 생각이 인간이 달나라에서 화성까지 가게 된 현실을 만들어 놓은 것입니다.

대부분의 직장인은 매일 반복되는 생활 속에서 기계처럼 똑같은 일을 반복합니다. 같은 일을 하는 것이 매일 반복되다 보니 생각을 한다기 보다는 그저 작용·반작용에 의해 행동한다고 해도 과언이 아닙니다.

이런 가운데에서는 개선은 있을 수 없습니다. 하루 24시간 중 단 1분이라도 생각하는 습관을 갖도록 하세요. 이것은 자기를 변화시키고 나아가 회사, 국가, 세계를 변화시키는 원천이 될 것입니다.

Q16

아이디어도 좋고 효과도 좋은데, 시간과 투자비가 많이 들어가고 부서 간의 이해관계 등으로 진행이 안 되는데 어떻게 해야 할까요?

A '아이디어'와 '효과' 모두가 중요한 사항입니다. 하지만 이 두 가지 측면만을 보고 모든 것을 결정하기에는 다소 무리가 있다고 봅니다. 우리가 분임조 활동에서 대책안을 평가할 때도 일반적으로 '기술성', '경제성', '작업성'을 살펴보는 이유가 아무리 좋은 개선안이라도 경제성이 없으면 실시하는 것을 보류하는 것이 좋다는 뜻이기도 합니다.

좀 더 구체적으로 말씀 드리면 기업에서 어떤 투자를 할 때 반드시 경제성 측면을 평가하기 위해 투자 수익률(ROI: Return on Investment) 분석을 투자 부서에서 실시합니다.

귀사에서도 그런 업무를 하는 부서가 있을 것입니다. 그 부서의 의견을 참조하는 것이 좋을 듯합니다. 흔히 우리가 발명품과 상품을 구분할 때 발명품이란 아이디어와 효과는 상당히 좋으나 가격적인 측면에서 수요자의 욕구를 만족시키지 못하기 때문에 상품화 되지 못하고 있는 것인데 반하여, 상품화된 것을 보면 발명품보다 다소 아이디어나 효과 측면은 작지만 효용 가치(그 기능을 사기에 비용 지불이 적당한 정도)가 있기 때문에 시장에 나오게 되는 것입니다.

분임조 활동과 제안 활동을 어떻게 구분, 관리해야 할까요?

A 분임조 활동 및 제안 활동 모두 개선 활동이라는 측면에서는 동일하지만, 개선하기 위한 수단 측면에서는 차이가 많습니다. 간략하게 서로간의 특징을 살펴보면 다음과 같습니다.

구 분	분임조 활동	제안 활동
목 적	현상 타파를 통한 개선	
인 원	팀 활동(5~10명 정도)	개인
활동 단계	주제 선정 → 반성 및 향후 계획까지 총 10단계	착안 → 착상 → 착수의 총 3단계
활동 기법	QC 7가지 도구, 신QC 7가지 도구 및 기타	아이디어 발상법
주요 관리 항목	주제 해결 건수, 회합률	제안 건수, 채택률, 실시율, 참여율
인센티브 (포상)	회합비, 주제 해결비	참가상, 채택 등급별 포상, 누적 포상

Q18 제안 활동으로 소심함이나 다른 사람 앞에 나서기 꺼리는 행동을 잡을 수 있나요?

A 충분히 잡을 수 있습니다.

제안이란 자기의 의견을 서면으로 다른 사람에게 제시하는 데서부터 다른 사람과의 접촉이 시작이 되는 것입니다. 제안 주관 부서, 검토 부서, 심의 위원회 등 제안을 처리하는 부서들과 교류를 자연스럽게 하게 되고, 그 과정에서 자기의 의견을 다른 사람 앞에 피력할 수 있는 기회가 자주 생기게 됩니다.

또한 제안 실적이 우수할 경우에는 사내 게시판에 제안 우수 사원으로 등록되어 사진이 게시되거나, 연말 포상 등으로 수상을 하게 되면 자기의 제안 활동 수기를 발표할 수 있는 기회도 생기게 됩니다.

때에 따라서는 사외 강사(제안 활동 사례 발표자)로도

활동하는 사람도 많습니다.

즉 여러 가지 측면에서 자기 고유 업무만을 수행하는 것보다 제안 활동을 하다 보면 여러 사람과 접촉할 기회가 많아지게 되어 자기도 모르게 다른 사람 앞에 서는 것이 두렵지 않게 되며 자신감이 생기게 됩니다.

한 가지 더 첨언한다면 제안 활동도 좋지만, 다른 사람 앞에 서기를 꺼려한다면 필자는 우선 분임조 활동에 적극적으로 참여하기를 권장하고 싶습니다.

Q19 제안이란 누구나 다 참여하는 활동으로 알고 있습니다. 활동 중에 동료로부터 '나는 아이디어가 없으니 너나 많이 하라'는 등 다소 비판적인 말을 들을 때가 있습니다. 이럴 때 모두가 함께 하는 제안 활동을 위해 어떻게 대응하면 좋을까요?

 제안 제도에 대한 직원들의 의식 전환이 필요할 것 같군요.

우선 제안 제도에 대하여 빈정거리는 사람을 나무라기보다는 이들에게 제안 제도가 왜 필요한지, 이 제도가 회사만을 위한 것이 아니라 궁극적으로 본인을 위하는 것이라는 것 등을 인식시켜야 합니다.

이는 개인이 직장 생활을 하는 것이 마치 회사를 위한 것인 것 같지만 궁극적으로 그 개인을 위한 것과 같은 논리입니다.

제안을 열심히 하면 우선 회사에 많은 보탬이 되겠지만 이를 통하여 본인에게도 많은 사고력의 향상이 생기게 됩니다. 이것은 본인이 인생을 살아가는데 있어서 큰 무기를 갖게 되는 것과 마찬가지입니다. 즉 개인 생활에 있어서도 현재의 생활 방법이 최상인지 자기도 모르게 스스로 자문 자답하는 습관이 생기게 된다는 것입니다.

예를 들어 불편한 것이 있다면 '원래 그런 것이겠지'라고 넘기기 보다는 '다른 방법은 없을까, 다른 사람은 어떻게 하고 있을까, 이렇게 해 보면 어떨까' 하고 다른 사람보다 한 번 더 생각하게 됩니다.

이것이 별 것 아닌 것 같지만 많은 시간이 흐른 후 생각하는 사람과 생각하기 싫어하는 사람은 견줄 수 없을 정도로 많은 차이가 발생하게 됩니다. 한마디로 말하면 '제안이란 개인의 사고력 향상을 위한 왕도'라고 말할 수 있습니다.

또한 개인의 사고력 향상을 위하여 회사 차원에서도 시간적으로나 물질적으로 많은 투자를 실시해야 합니다.

제안 제도를 위한 교육, 제안 성과에 대한 인센티브 제도 실시, 우수 제안 사례 보급, 우수 회사 견학 등의 기회를 마련하여 개인의 창의력 향상 기회를 꾸준히 추진해야 합니다.

Q20 한 회사에서 다른 부서로 가면(전입 또는 전보) 제안 활동과 분임조 활동이 잘 되지 않는데, 이럴 때는 어떻게 해야 하는지요?

A 아무래도 타부서로 간 사람이 수행했던 부분이 빈 자리로 남게 되므로 다소 간의 공백이 없을 수는 없습니다.

하지만 이 공백을 최소화하기 위해서는 평소에 서로 간의 대화를 충분히 해야 합니다.

특히 분임조 활동 시에 분임조원 각자가 업무를 배분받아 수행 한 후 다른 분임조원이 수행한 일을 같이 검토하고 내용을 공감하는 시간을 가져야 합니다.

대부분의 분임조가 분임조장을 제외하고는 주제 해결의 전체적인 진도나 내용 등을 숙지하지 못하는 경우가 많습니다.

이럴 경우 어떤 분임조원이 다른 부서로 전보되었을 때

그 자리를 다른 분임조원이 이어받아 계속 진행해야 하는데, 전보된 분임조원이 진행한 상황을 잘 모를 경우 전체적인 분임조 활동이 차질을 빚게 됩니다.

분임조 활동의 진행 사항을 서로 공유하기 위하여 분임조 회의록을 작성 후 반드시 전 분임조원에게 회람을 하여 사인을 받는 것도 이런 문제를 해결하는데 도움이 될 수 있습니다.

Q21 실속 있는 제안을 하기 위해 우선적으로 해야
할 일은 무엇입니까?

A 첫째, 문제 의식을 가져야 합니다.

똑같은 사물을 보더라도 그냥 보는 것과 개선할
점이 없는가 하고 보는 경우는 많이 차이가 생기게 됩니
다. 그냥 보면 모든 것이 그럴 수밖에 없다고 생각되는 반
면에, 꼭 그렇게 해야 하는가? 하고 살펴보면 그렇게 하지
않아도 될 만한 점이 보이기 때문입니다.

둘째, 개선점이 보이면 그것을 구체화해야 합니다.

개선점을 찾았을 때, 그것을 해결해야 된다고만 제안하
면 '건의'가 되기 때문입니다.

셋째, 아이디어 발상법을 제안의 도구로 활용해야 합니다.

이 기법이 절대적인 것은 아니지만 사물이나 현상의 각도
를 다른 차원에서 생각할 수 있도록 하는데 도움을 줍니다.

Q22 문제점을 파악하는 방법이 미숙해서 제안 건수와 제안의 질이 하향되고 있습니다. 문제 의식의 고취 방법과 문제점 파악 방법에 대해서 구체적인 사례를 알고 싶습니다.

A 우선 문제를 파악하는 방법에 대해 말씀 드리면, '문제'란 상당히 주관적인 성질을 가지고 있어 자신이 판단하기에 따라 문제가 될 수도 있고 그렇지 않을 수도 있습니다.

가령 어떤 공정에서 1%의 부적합이 발생되고 있을 경우 1% 부적합이 크다고 생각하는 사람은 현재의 공정 관리 상태에 문제가 있다고 말할 것이고, 1% 부적합이 적다고 생각하는 사람은 현재의 공정 관리 상태에 문제가 없다고 말할 것입니다.

따라서 문제란 현재 발생된 상황을 어떤 잣대를 가지고 보느냐에 따라 달라질 수 있다는 것입니다.

즉 기준 잣대가 어떤가에 따라 어떤 상황을 문제로 보느냐 아니냐를 결정짓는 중요한 변수가 되는 것이지요.

일반적으로 문제는 기내치와 현실치의 차이라고 얘기합니다. 다른 말로 기대치는 목표라고 볼 수 있고, 현실지는 실적이라고 볼 수 있습니다. 따라서 목표와 실적 간의 차이를 문제라고 정의하면 될 것 같습니다.

문제를 찾기 위하여 목표를 좀 더 구체화하면 다음과 같습니다.

① 품질(Quality)에 대한 목표

② 가격(Cost)에 대한 목표

③ 납기(Delivery)에 대한 목표

④ 안전(Safety)에 대한 목표

⑤ 사기(Morale)에 대한 목표

⑥ 생산성(Productivity)에 대한 목표

이런 방법으로 제안의 대상을 찾다보면 맹목적으로 문제를 찾으려고 할 때 보다 훨씬 수월하리라 생각합니다.

Q23

창의력을 저해하는 요인들을 알고 싶습니다.

A 　　창의력이란 새로운 의견을 찾아내는 힘으로 유창성, 유연성, 독창성, 구체성이 있어야 합니다.

유창성(fluency)이란 어떤 문제에 대해 수많은 해결 방안을 주어진 시간 내에 빠르고 거침없이 제시할 수 있는 능력을 말하며, 유연성(flexibility)이란 어떤 문제에 대해 상식을 뛰어넘는 비상한 생각을 해 내고 얼마나 다양한 관점에서 아이디어를 생각해 내느냐 하는 측면에서의 능력을 말합니다.

독창성(originality)이란 사고의 새로움을 말하는 것으로 기발한 착상이나 번쩍이는 감각, 새롭고 참신한 아이이어 측면에서의 능력을 말하며, 구체성(elaboration)이란 아이디어를 치밀하게 구체화하는 능력으로서, 어떤 문제의 해결을 위해 생각해 낸 아이디어가 어느 정도 구체화의 수단, 조건, 구조 등을 명시하는 것을 말합니다.

이 모든 것의 근본은 제가 수시로 강조하고 있는 '문제의식'에서 발단됩니다.

한편 창의력 발상의 저해 요인들을 살펴보면 다음과 같습니다.

구 분	내 용
고정관념	무의식적으로 습관화되어 반응하는 사고
여유 없음	너무 바빠 이것저것 연구할 틈이 없다.
남을 의식	남에게 우스갯거리가 되지 않을까 움츠러 듬
무사안일	현재가 최상(현실 안일주의)
선입견	자기가 스스로 판정하여 단정함
정보의 빈곤	데이터는 많으나 정보화시키지 못함
실패에 의한 두려움	실패가 두려워 시행조차 못함

PART

02

착안 및 제안서 작성

Q24 좋은 제안을 위해서는 아이디어를 잘 내야 하는데 잘 안 됩니다. 창의력을 높이려면 어떻게 해야 할까요?

A 아이디어를 잘 내려면 창의력이 있어야 합니다. '창의력'이란 말 그대로 새로운 발상을 내는 힘이라고 할 수 있으며, 다음 〈표〉와 같이 4가지 요소를 말합니다.

〈표〉 창의력의 4대 기본 요소

NO	항 목	의 미
1	유창성 (fluency)	문제에 대한 해결책을 계속해서 많이 낼 수 있는 능력으로 사고의 속도와 상상의 속도
2	유연성 (flexibility)	사고의 넓이, 여러 각도에서 폭넓게 아이디어를 낼 수 있는 능력
3	독창성 (originality)	사고의 새로움을 말하는 것으로 착상이나 번쩍이는 기지, 새롭고 참신한 아이디어 도출 능력
4	구체성 (elaboration)	아이디어를 치밀하게 구체화하는 능력

제안을 잘하기 위해서는 창의력의 성질에 대해 이해할 필요가 있습니다.

인간의 본질은 크게 정신과 육체로 구성되어 있으며, 어느 누구든 이를 계속 단련하면 이와 관련한 능력이 계속 발달되기 마련입니다. 반대로 사용하지 않거나 그대로 두면 퇴보하게 되지요. 예를 들어 운동 선수가 일반인보다 체력이 뛰어난 것은 평소에 꾸준히 신체를 단련했기 때문입니다. 이와 마찬가지로 우리의 두뇌도 평소에 여러 가지 방법을 통해 단련하고 활성화시키면 그렇지 않은 사람보다 훨씬 큰 능력을 발휘하게 됩니다.

창의력은 기본적으로 활발한 두뇌 활동을 통해 그 능력을 발휘하게 되는것 입니다. 그리고 이 두뇌 활동은 어떤 일을 하던 평소에 기본적으로 모든 사물에 관심과 문제의식을 갖고 대하는 것에서부터 출발합니다.

Q25 어떻게 하면 많은 제안과 좋은 개선안을 낼
수 있는지요?

A 아이디어를 발상하는 힘을 창의력이라고 합니다.
창의력을 발휘하는 데에는 그 원천이 되는 뇌의
훈련이 필요합니다.

인간은 정신과 육체의 구조로 되어 있기 때문에 어느 누
구든지 이를 계속 단련해 나가면 발달이 되고 어느 것이
든 계속 쓰시 않으면 되보히저가 퇴하하는 구조를 가지고
있습니다.

두뇌도 평소 여러 가지의 방법을 통해 단련시키고 활성
화시켜 나가면 그렇지 않은 사람보다 창의력이 훨씬 뛰어
나게 됩니다. 따라서 창의력 향상을 위해서는 평상시에 업
무를 하면서 문제의식을 갖고 모든 사물을 대하는 것이 가
장 중요합니다.

Q26 아이디어 발상 요령이 있다면 알려 주세요.

A 많은 사람이 반짝이는 아이디어를 내고는 싶어 하지만, 그렇게 뜻대로 되지 않는 것 같습니다. 특히 제안 활동에 있어서 1인당 제안 목표가 있을 경우에는 더욱 그렇죠. 이에 대해 뚜렷한 왕도는 없지만 다음 〈표〉에 제시한 아이디어 발상 포인트를 활용하면 아이디어 발상에 많은 도움이 될 것이니 참고하시기 바랍니다.

〈표〉 아이디어 발상을 잘하는 방법

NO	아이디어 발상 포인트	아이디어 발상 시기 및 방법
1	홀로 조용히 구상한다.	• 밤중에 문득 깨었을 때 • 잠이 오지 않을 때 • 목욕 중에

NO	아이디어 발상 포인트	아이디어 발상 시기 및 방법
		• 신책할 때 • 혼자서 거리를 걸을 때 • 화장실에서 • 기도할 때 • 독서할 때 • 기차 여행 중 창밖을 보며
2	몇 년 앞을 내다본다.	• 1~2년 앞의 세상을 생각한다. • 1~2년 앞의 회사 변화를 그려본다.

3	메모지를 활용한다.	• 문득 생각난 아이디어를 적어둔다.
		  (아이디어란 무의식 중 순간 점멸하므로
		  즉시 메모해 두는 것이 좋다)
		• 머리맡에 메모지를 항상 둔다.
		• 호주머니에 항상 메모지를 가지고 다닌다.

4	항상 철저하게 생각한다.	• 지금 무엇을 해야 하는가를 생각한다. • 틈만 있으면 이것저것 생각한다. • 언제나 문제 의식을 가지고 생각한다. • 장시간 진지하게 생각한다. • 집중적으로 생각한 후 잠시 릴랙스(relax) 한다.
5	타인에게 배운다.	• 타업종 사람과 교류를 실시한다. • 타사 제품과 자사 제품을 비교해 본다. • 사용자의 의견과 클레임을 청취한다. • 타인의 지혜를 응용하여 내 것으로 만든다. • 제안 우수자의 경험을 듣는다.
6	하는 일을 근본적으로 다시 생각해 본다.	• 현재 하고 있는 일에 항상 의문을 가져 본다. • 일을 근원적으로 재검토해 본다. • 다른 회사 업무 절차를 벤치마킹한다.

Q27 현장에서 발생되고 있는 문제를 쉽게 찾을 수 있는 방법이 있으면 알려 주세요.

A 문제를 찾기 위해서는 우선 문제 의식을 가져야 합니다.

즉 현장에서 이루어지는 모든 일에 대하여 현재가 최적의 상태인가를 한 번 정도 생각해 보는 것이 필요합니다.

대부분의 사람들을 보면 작업 시 그냥 무의식적인 반복만을 하는 경우가 많습니다. 이런 상황에서는 절대로 개선이란 있을 수 없습니다.

현장의 상태가 최적인가를 생각해 볼 때 기본적으로 착안해야 할 것이 '작업상에 무리가 없는가?', '불균형이 없는가?', '낭비 요소가 없는가?'의 3가지 요소입니다.

우선 무리란 '하기 어려운 것', '해서는 안 되는 것', '굳이 하는 것'이라고 할 수 있으며, 예를 들면 다음과 같습니다.

- 1톤의 화물을 운반하는데 0.5톤 차로 운반한다.
- 망치 대신에 스패너로 물건을 때린다.
- 무거운 것을 운반차를 쓰지 않고 사람 손으로 나른다.

품질의 무리는 생산 수단의 질적 능력이 없는데 그 이상의 품질을 얻으려고 하는 데서 발생하는 무리이며, 납기의 무리는 어느 기간 내의 양적 능력이 부족한데 납기를 지키려고 하는 무리입니다.

무리는 불균형을 가져오고 더 나아가서는 낭비의 원인이 됩니다.

불균형이란 작업 과정이나 결과가 일을 할 때마다 달라진다는 것입니다. 즉 제품(부품)의 품질 특성치에 산포가 많이 발생하거나 설비의 속도나 압력이 계속 변한다던가, 작업자마다 삽입 방법이 동일하지 않은 것들을 의미합니다.

마지막으로 낭비란 재료나 시간을 헛되이 쓰는 것을 말합니다.

한 번에 마칠 수 있는 동작을 2번에 한다든지, 부적합품이 너무 많이 발생한다던지, 라인 밸런스가 맞지 않아 대기시간이 많이 발생하는 현상들을 의미합니다.

Q28 무리를 쉽게 찾을 수 있는 체크리스트를 알고 싶습니다.

〈표〉 무리를 찾는 체크리스트

구 분	확인 사항
품 질	1. 검사 규격과 공정 능력은 맞는가? 2. 검사 애로 공정은 없는가? 3. 특채 선정 기준은 적절한가? 4. 기계와 설비의 성능·정밀도는 충분한가? 5. 검사자의 지식·기능은 충분한가?
납 기	1. 생산 능력은 충분한가? 2. 적절한 생산 계획과 작업 계획이 수립되어 있는가? 3. 관리 데이터는 충분히 갖추어져 있는가? 4. 부품·재료의 리드타임을 고려했는가? 5. 작업자와 기계의 가동률을 고려하였는가?
작업 방법	1. 공정 능력에 맞는 작업 조건을 설정하고 있는가? 2. 작업자의 기능에 맞는 방법을 택하고 있는가? 3. 합리적인 작업 순서로 되어 있는가?

구 분	확인 사항
	4. 편한 동작으로 하고 있는가?
	5. 활용하는 지그·공구가 명확하게 정해져 있는가?
재　료	1. 요구 품질과 성능은 제품 품질에 맞는가?
	2. 과도한 요구를 하지는 않는가?
	3. 리드타임을 파악하고 있는가?
	4. 재료의 특징을 파악하고 있는가?
	5. 적절한 사용 방법·가공 방법을 쓰고 있는가?
작업 설비	1. 능력·성능에 맞게 쓰고 있는가?
	2. 예방 보전을 철저히 하고 있는가?
	3. 훈련을 받은 작업자 이외의 사람이 쓰고 있지는 않은가?
	4. 필요한 지그·공구는 정비되어 있는가?
작 업 자	1. 작업 표준을 지키고 있는가?
	2. 필요한 지식·기능을 갖고 있는가?
	3. 신체는 건강한가?
	4. 해야 할 일에 비해 인원이 적지는 않은가?

Q29 불균형을 쉽게 찾을 수 있는 체크리스트를 알고 싶습니다.

A

〈표〉 불균형을 찾는 체크리스트

구 분	확인 사항
품 질	1. 치수·성능에 산포는 없는가? 2. 부적합품률은 감소하는 경향인가? 3. 불합격률은 감소하는 경향인가? 4. 각 공정은 안정되어 있는가?
작업 시간	1. 작업 능률은 표준 이상인가? 2. 표준 시간은 유지되고 있는가? 3. 컨베이어 속도는 표준 상태인가? 4. 피치타임은 표준 상태인가?
작업 설비	1. 능력·성능은 충분한가? 2. 유휴 상태로 되어 있지 않은가? 3. 각 기계의 부하는 적절한가? 4. 생산 속도는 일정한가?

구 분	확인 사항
작업 방법	1. 현재의 작업 목석에 작업 표준이 맞는가? 2. 현재의 작업 목적에 가공 순서는 맞는가? 3. 현재의 작업 목적에 가공 조건은 맞는가? 4. 작업 표준은 항상 최신본(유효본)으로 있는가?
재 료	1. 부품·산포는 없는가? 2. 결품은 없는가? 3. 납기 지연은 없는가? 4. 로트 간의 산포는 없는가? 5. 구입처별(회사별)로 산포는 없는가?
작업자	1. 개인차는 없는가?(품질과 작업 시간의 산포) 2. 교육 훈련은 하고 있는가? 3. 작업 표준은 지키고 있는가? 4. 적재적소에 배치되어 있는가? 5. 개인별 부하량은 고른가? 6. 대기하지는 않는가? 7. 복수 작업의 연계 동작은 균형이 잡혀 있는가?

Q30 낭비를 쉽게 찾을 수 있는 체크리스트를 알고 싶습니다.

A

〈표〉 낭비를 찾는 체크리스트

구 분	확인 사항
재공품	생산 공정에서 재료로부터 제품, 출하에 이르기까지 물건이 일시적으로 정체함으로써 생기는 낭비는 없는가?
부적합 처리	제품이나 부품이 규격을 벗어나서 발생하는 부적합품을 재손질 도는 재가공하고 선별하는데 소비되는 물건 및 시간과 인력의 낭비는 없는가?
작업 설비	필요 이상의 성능을 지닌 기계를 구입하거나, 기계를 효과적으로 활용하지 못함으로써 생기는 낭비는 없는가?
경비	소모 공구비, 광열비, 감가상가비 등 소비한 비용에 대응되는 성과를 올리지 못하여 생기는 낭비는 없는가?
작업 방법	작업 표준을 지키지 않거나 작업을 중단함으로써 효율이 저하되어 생기는 낭비와 작업 표준이 현실에 맞지 않아 생기는 낭비는 없는가?
관리 방법	필요 이상의 세심한 관리나 요점을 벗어난 관리에 의해 생기는 간접 업무의 낭비는 없는가?
설계 능력	제품 설계나 공정 설계가 나빠서 발생하는 가공 방법, 재료, 사용 기계 등의 낭비는 없는가?
작업자 관리	원래 사람이 해야 할 일을 하지 않거나, 채산이 맞지 않는 부분에 투입하거나 하여 작업자의 능력을 발휘하지 못하는 낭비는 없는가?
장소(스페이스)	불필요한 것을 놓아 두거나 정리·정돈이 나빠서 발생하는 낭비는 없는가?

Q31 제안서를 작성할 때 어떤 항목들이 포함되어야 하고(예를 들면 투자비라든가, 연간 절감 효과의 구체적인 금액들을 제안자가 산출해야 하는지), 검토자는 어떠한 원칙 아래 제안서를 검토해야 하는지(채택, 불채택의 중요한 결정 여부)에 대해서 알려 주십시오.

A 일반적으로 제안서에 기재되어야 할 항목을 나열하면 다음과 같습니다.

	기재 항목	착안 사항
1	제안 제목	• 제안서 전체 내용을 압축해서 표현할 수 있도록 문장화해야 한다. • '생산성 향상', '품질 향상', '의식 제고' 등 너무 포괄적인 용어 사용을 지양하고 구체적인 개선 수단을 요약한다.
2	제안 일자	• 제안서 작성 일자
3	인적 사항	• 소속 공장, 부서(부, 팀, 실, 반), 분임조 명, 사번, 성명
4	(검토 부서)	• 제안을 실시할 부서를 기재한다.. • 실시를 위해 여러 부서의 검토가 필요할 경우 모두 기재한다.
5	제안 내용	• 개선 전·후의 사항을 가능한 자세히 기재한다. • 도식화가 가능하면 도식화한다.

기재 항목		착안 사항
6	(유형 효과)	• 기대되는 유형 효과 산출 근거와 금액을 기재한다. • 제안 실시에 수반되는 투자 비용을 기재 한다. • 산출 공식의 적정성이나 금액의 타당성 검증이 어려울 경우 소속 부서나 TQM 사무국에 협조를 의뢰하여 작성한다.

※ ( ) 사항은 제안자가 기록하지 않을 수 있다.

검토자의 검토 원칙은 현장 개선 제안을 기준으로 하여 말씀 드리겠습니다.

검토자는 다음 사항을 고려하여 채택·불채택 여부를 검토하는 것이 좋습니다.

검토 항목		착안 사항
1	기술성	• 제안 사항이 당사의 기술력으로 실현이 가능한지 검토한다.
2	경제성	• 투자 금액 대비 기대되는 효과의 크기를 검토한다. • 투자 금액의 정도가 집행이 가능한가를 검토한다.
3	작업성	• 발상된 아이디어를 현장에 적용했을 때 작업의 불편함이 없는가를 검토한다.

추가로 인풋 대비 아웃풋 효과의 정도나 시급성, 제안 실시를 위한 소요 기간 등을 감안하여 검토하면 좀 더 확실한 검토가 될 수 있겠지요.

Q32 제안 구상 후에 제안서 작성이 잘 되지 않습니다. 구상된 제안을 바로 제안서로 옮길 수 있는 좋은 방법은 없을까요?

A 우선 머릿속에 문득 떠오르는 아이디어가 있으면 무조건 메모지에 옮기세요.

제안 아이디어는 마치 우리가 어떤 꿈을 꾸었을 때와 같이 아침에 깨었을 때는 모든 내용이 선명하게 기억되지만, 시간이 조금만 흐르면 내용이 아련해져 아무리 되새기려 해도 잘 생각이 나지 않는 경우가 대부분입니다.

필자는 어떤 특이한 꿈을 꾸었을 경우 깨자마자 기억나는 내용을 메모지에 몇 자 적어서 실험을 해 봅니다. 저녁 때쯤 내가 적어 두었던 내용을 기억하려 시도해 보지만 잘 생각이 나지 않습니다. 이때 메모지를 펼쳐 보면 꿈속의 상황이 마치 필름을 돌리는 것처럼 명확히 떠오릅니다.

제안 역시 그 당시에는 다음에 써야지 하고 생각하지만

바쁜 업무에 시달리다 보면 나중에는 아예 그런 일은 없었던 것처럼 일상 업무에 열중하게 됩니다.

한편 회사 측면에서도 사람이 자주 다니는 통로나 휴게실 등에 제안 서식을 비치하여 사원이 문득 떠오른 아이디어를 손 쉽게 작성할 수 있도록 하는 것도 좋겠지요.

Q33 아이디어는 있는데 막상 적으려 하면 어렵습니다. 제안서 작성을 잘 하는 방법이 있는지요?

A 많은 사람들이 제안서 작성을 상당히 어려워합니다. 특히 글을 써 본 경험이 없는 사람일수록 제안서에 한 줄을 쓰는 것조차도 많이 어려워하죠. 또한 자신의 제안 내용이 웃음거리가 되지 않을까 하는 걱정도 상당히 많이 합니다. 그런데 이는 좀 더 시야를 넓게 보면 크게 고민할 부분이 아닙니다.

제안 잘하는 사람이 처음부터 제안을 잘했던 것이 아니며 지금의 '제안왕'도 처음에는 제안에 끼지도 못했거나 참가상에 만족해야 하는 제안부터 시작했었던 것입니다. 그렇게 도전과 실패를 반복하면서 자신감을 갖게 되는 것이지요.

또한 제안서 작성에서 가장 큰 고민 중 하나는 생각한

대로 내용 정리가 잘 되지 않는 것이라고 할 수 있습니다. 머릿속으로는 여러 가지 아이디어가 떠오르고 말로도 설명은 하겠는데 유독 글로 표현하려고 하면 잘 되지 않는 것이지요. 이때는 다른 사람들과 의논을 하는 것이 좋습니다. 사람들과 이야기를 하다 보면 자신이 생각했던 것보다 더 좋은 방향으로 정리가 될 수 있습니다.

제안서 작성을 쉽게 하기 위한 방법을 말씀 드리면 다음과 같습니다.

첫째, 제안 내용의 줄거리를 두서너 줄에 걸쳐 적습니다.

제안의 대략적인 내용을 파악할 수 있도록 요령껏 적습니다. 타인(심사자)이 줄거리를 읽고 그 제안의 전반적인 내용에 대해 알 수 있으면 이후에 나오는 내용을 더 잘 이해할 수 있기 때문입니다.

둘째, 과거의 상태가 어땠는지를 기술합니다.

개선 전의 상태는 이러한 결점 때문에 불편했다거나, 시간이 많이 걸렸거나, 부적합이 많이 나왔다는 등의 내용을 결점 열거법을 이용해 항목별로 열거합니다.

셋째, 결점을 제거한 방법과 실제 실행한(또는 실행 예정) 내용들을 간결하면서도 상세하게 적습니다.

이 세 번째 내용은 제안서의 핵심 내용이 되기 때문에 많은 신경을 쓸 필요가 있습니다. 이때는 서술형보다는 실시 항목별로 나눠 쓰는 것이 좋습니다. 그래야 심사자를 포함해 제안서를 읽는 사람들이 내용을 쉽게 알아볼 수 있습니다.

넷째, 개선 효과에 대해 작성합니다.

일반적으로 유·무형 효과로 나눠 기술합니다. 유형 효과는 돈으로 환산이 가능한 효과이며, 무형 효과는 효과는 분명히 있는데 금액으로 환산하기에는 곤란한 측면의 내용을 말합니다. 유형 효과는 가능하면 계수치, 숫자로 표현해야 하며, 그 산출 근거 또한 적어 주는 것이 좋습니다.

다섯째, 기타 사항(또는 선택 사항)으로 자신의 개선이 다른 곳(전공정, 후공정, 다른 작업장, 다른 공장 등)에 이용할 수 있는지, 이용할 수 있다면 어떤 방법으로 이용할 수 있는지 등의 내용을 적습니다.

이외에 컴퓨터가 아닌, 직접 써야 하는 제안서의 경우에는 모든 항목에 빠짐없이 깨끗하고 선명하게 바른 글씨로 작성하는 것도 중요한데, 이는 읽는 사람, 심사자가 알아볼 수 있어야 심사가 가능하기 때문입니다.

Q34 사무 부문에서도 제안 활동이 가능할까요?

A 당연히 가능하지요. 현장의 제안 활동이 주로 부적합 감소나 생산성 향상이라면, 사무 부문에서는 업무 프로세스 오류의 최소화나 신속화를 초점으로 활동하면 됩니다. 이를 위해서는 우선 본인의 업무를 빠짐없이 모두 적어 봐야 합니다. 갑자기 쓰다보면 누락되는 업무가 있을 수 있으므로 직무 기술서나 업무 분장표를 참조하면 더욱 용이할 수가 있겠죠.

다음으로는 각 업무 단위로 현재의 수행 상태를 스스로 평가해 봅니다. 일정은 지킬 수 있는지, 내용이나 포맷을 바꿀 수 있는지, 표준서와 업무 실행 상태는 일치되는지, 다른 회사에서는 어떻게 실행하는지 등, 현재의 상태가 최적이 아니라는 마음을 가지고 개선점을 찾아보는 것이 중요합니다. 대부분 업무 개선이 안 되는 이유는 그 업무를 수행 시 예전처럼 하는 것이 당연한 것으로 간주해 버리고 문제 의식을 갖지 않기 때문입니다.

생각한다는 것조차 귀찮은 것이지요. 이런 의식을 바꾸지 않는 한 어떤 문제도 발견할 수 없으며, 어떤 것 또한 변화가 있을 수 없게 됩니다.

사무 부문의 제안 활동 대상이 되는 사항을 간략히 다음 〈표〉와 같이 정리해 드리니 참고하시기 바랍니다.

〈표〉 사무 부분의 제안 활동 대상(예)

구 분	테 마
총 무	1) 전화 응대 방법 개선 2) 전화 대기 시간의 단축 3) 접수 업무의 간소화 4) 고객 응대 방법의 표준화 5) 통신비의 절감 6) 소모품류 입출고 업무의 간소화 7) 식당 운영 만족도 조사 및 개선
인 사	1) 경력 관리 계획(CDP) 프로그램 운영 2) 출·퇴근 통계 자료의 신속화, 간소화 3) 고충 처리 제도 활성화 4) 인사 파일의 데이터베이스 관리 방법 개선 5) 교육훈련 실적 관리 방법의 개선 6) 채용 방법 개선을 통한 우수 인력 확보

구 분	테 마
경 리	1) 경리 작성 전표 미스의 방지 2) 원가 산출 시간의 단축 3) 직무 분장 적정화에 의한 결산 업무의 일정 단축 4) 채권 회수 기간 단축 5) 경리 계정 과목의 재조정 6) 어음 지급 방법 개선
기 획	1) 파일링 시스템 방법 개선 2) 품의 및 기안 보고서 형식의 간소화 3) 전결 권한의 현실화를 통한 업무 처리 시간 단축 4) 회의 실시 방법의 효율화 5) 방침 관리 시스템 운영 방법 변경 6) 경영층 회의 실시 방법 개선
전 산	1) 정보 보안 관리 방법 개선 2) 경영자 정보 시스템(EIS) 개발 또는 보완 3) 전산 기록 보존 관리 방법의 표준화 4) 바이러스 사전 홍보제 실시 5) 시스템 분석 및 설계 방식 개선 6) 전산 운용 매뉴얼 작성 방법 개선 7) 지식 경영 시스템(KMS) 운영의 활성화
구매/ 자재	1) 발주 품의 납기 확보 2) 발주 전표 에러의 감소 3) 구매관리 절차의 간소화 4) 자재 재고 회전율 향상 5) 재고 조사 방법의 간소화, 신속화 6) 적기 발주를 통한 재고량의 감축 7) 자재 보관 방법의 개선 8) 부적합품 보관 방법의 표준화 9) 분류 미스, 배송 미스의 감소 10) 발송 방법의 개선에 의한 발송 일정 단축화 11) 수송 업무의 합리화에 의한 수송비의 절감 12) 외주품의 납품 방법 및 일정의 표준화

PART

03

접수 및 검토

Q35

개선 제안이 채택되지 않았을 때 재심신청이나 이의 신청이 어려운데, 불채택에 대한 처리 규정 및 불편한 심리 처리 방법에 대해 알려 주세요.

A

제안 활동에서 명백한 이유 없이 불채택 되는 제안 때문에 제안 활동이 활성화되지 않는 경우도 종종 발생합니다.

이를 방지하기 위하여 대부분의 회사에서는 제안 제도 운영 규정 내에 불채택 제안에 대한 이의 신청 처리 절차에 대하여 규정하고 있습니다.

귀사의 경우 상황이 어떠한지는 모르겠지만 우선 불채택 제안에 대한 이의 사항 처리 절차가 규정되어 있는지를 살펴보고, 만약 없다면 이것부터 규정화하는 것이 타당할 것 같습니다. 제안 제도 운영 규정 내에 있는 회사별 제안 이의 신청 절차에 대한 규정 내용을 발췌하여 제시하니 참고 바랍니다.

〈BH사 제안 규정 사례〉

5-12. 이의 제기 신청 및 처리
  1) 제안 불채택이나 기타 사항에 대하여 제안자의 이의가 있을 경우,
     제안자는 제안 재심 의뢰서(BH-0204-06)를 작성하여 소속 부서
     코디네이터에게 제출한다.
  2) 제안 부서에서는 제안 재심 의뢰서를 제안 처리와 동일한 절차에
     따라 재심한다.
  3) 재심 결과에도 제안자가 불복하는 경우 제안 주관 부서가 중재를
     한다. 이때 필요한 경우 제안자를 참석시킬 수 있다.
  4) 재심 청구는 1회에 한한다.

〈IS사 제안 규정 사례〉

5.6 이의 신청 및 재심사
  (1) 채택 가부 및 실시 상 심사 결과에 대하여 이의가 있는 제안자는 1차에
     한하여 주관 부서에 제안 재심 청구서(MA-03(02-0))를 제출할 수 있다.
  (2) 주관 부서는 (1)의 제안을 품질경영소위원회에 상정시켜 재심사하
     도록 한다.
  (3) 제안 재심 청구자는 위원회에 참석하여 해당 제안을 설명할 수
     있다.

〈KY사 제안 규정 사례〉

제22조(심사 결과에 대한 이의 신청)
  (1) 제안자는 제안 등급 결과 이의가 있을 경우 1회에 한하여 제안 재심
     청구서(A-0207-4)에 의해 이의 신청을 할 수 있다
  (2) 제안 재심 청구서(A-0207-4)는 재심 청구 부서(팀)장의 확인을 거쳐
     제안심사위원회에서 심사한다.
  (3) 재심 청구 제안의 등급이 결정되면 위원장의 최종 승인을 얻는다.

대체직으로 제안에 대한 이의 신청은 1회에 한하여 실시하고 있으며, 이의 신청자가 재심의 절차에 참석하여 이의 사항을 설명하는 것으로 생각하면 될 것 같습니다.

또한 제안자가 불채택된 제안에 대하여 납득이 가도록 제안 검토 부서나 주관 부서에서 충분한 설명을 실시함으로써 제안자의 사기 저하나 불만이 남지 않도록 하는 세심한 배려가 중요합니다.

Q36 제안 심사에서 제외(불채택)되어야 할 항목에 대한 설명을 부탁 드립니다.

A 제안이란 문자 그대로 '어떤 일에 대한 방안을 내놓는 것'입니다.

그 내용을 보고 실행을 할 수 있도록 구체적인 개선 방법을 제시하여야 제안이라 할 수 있다는 뜻이지요.

때문에 지금 필자가 말씀 드린 내용에 위배되는 것은 제안이라 할 수 없기에 불채택하는 것이 타당합니다.

일반적인 불채택 제안 유형을 설명 드리면 다음과 같습니다.

첫째, 불평만을 기록한 것, 즉 문제점 지적만 하고 대안 제시가 없는 것

둘째, 공상적 제안으로 내용이 막연하여 구체적인 내용을 알 수 없는 것

셋째, 분힐 제안(分割提案), 즉 한 가지 개선 사항을 조각 내어 여러 개 제안으로 만든 섯

넷째, 개악 제안(改惡提案), 즉 실행하면 개선이 되는 것 보다 오히려 나쁘게 고치게 되는 것

다섯째, 이미 제출된 제안과 동일 또는 대단히 비슷한 것(중복 제안)

여섯째, 상사의 명령에 의한 당연 업무

기타 회사 실정에 따라 인사 제도, 취업 규칙, 회사 정책에 위반되는 것 등은 제안으로 인정하지 않는 경우도 있습니다.

이런 내용들은 각 회사의 '제안 활동 운영 규정'에 대부분 기술되어 있으니 각자가 속한 회사의 규정을 참조하시기 바랍니다.

Q37 꼭 필요하다고 생각한 제안이 불채택되어 반송되었을 때 어떤 시각과 방법으로 접근해야 될까요?

A 우선 불채택 사유를 확인하세요.

제안자로서는 나름대로 곰곰히 생각하고 또 생각해서 제출한 제안이겠지만, 정작 그것을 실시하는 사람 입장에서 볼 때에는 실시 비용이 너무 많이 소요된다거나, 실시하기에 많은 보완점이 필요하다거나, 기타 제안자가 미처 생각하지 못했던 사항이 발견될 수도 있습니다.

이럴 경우에는 제안 검토자를 만나 구체적인 불채택 사유를 들어 보거나 여의치 않을 경우 유선상으로 통화를 실시하는 것이 좋습니다.

또한 불채택 제안 재검토 제도를 활용할 수도 있습니다. 제안자가 검토 결과 판정에 대하여 이의 사항이 있을 경우 '제안 재검토 의뢰서'에 제안자로서 제안 검토 결과에 납득이 안되는 사항이나 재검토 의뢰 사유를 기록하여 검토 부서에 송부 후 재검토를 실시합니다.

단지 제안 재검토 제도 운용 시 착안 사항은 정상적인 절차로 처리되는 제안서에 대한 검토 부서의 결재권자가 과장이었다면 제안 재검토 의뢰서 최종 결재권자는 차장이나 부장으로 한 직급 높이는 것이 필요합니다.

Q38 제안을 검토·실시하는 부서의 적극성을 유도
하려면 어떻게 해야 할까요?

A 제안 검토를 실시할 부서가 적극성을 갖지 않는
이유가 무엇인지 생각해 봐야겠지요.

필자의 지도 경험상 대부분의 이유는 제안을 검토할 시
간이 없다는 이유가 가장 많을 것 같습니다.

물론 요즘 기업의 사정이 불경기로 인하여, 인원을 우선
최소화하였기 때문에 개개인의 업무 부담이 많이 증가한
것은 사실입니다.

이런 가운데 제안 검토 및 실시 업무가 본인의 고유 업
무가 아닌 이상 업무 처리 우선 순위에서 뒤로 밀릴 수밖
에 없습니다. 하지만 불경기 이전에는 제안 검토가 신속하
게 이루어졌는가를 자문하여 보면 그때도 업무가 바쁘다
는 이유로 제안 검토가 신속하게 이루어지지 않은 것이 사

실입니다.

그렇다면 해결 빙안은 간단합니다.

제안 검토 신속성에 영향을 주는 요인은 업무 부담이 아니라 다른 것에 있다는 것이지요. 그것은 추측컨대 제안 검토 업무가 자신의 업무가 아니라는 사고방식 때문일 것입니다. 그런 생각 때문에 제안 업무는 자신의 업무를 다 처리하고 나서 시간이 있으면 처리하겠다는 생각을 가지고 제안 업무를 대하기 때문에 신속성을 기대하기는 무척 어렵습니다.

이에 대한 해결책으로는 제안 검토 기간을 부서별·개인별로 관리하여 검토 기간이 지연되는 부서나 개인에 대하여 제재(制裁)를 가할 수도 있지만 근본적인 해결책은 개개인의 의식을 변화시켜야 합니다.

또한 제안 검토 부서 관리자도 자기 부서에서 검토된 제안에 대하여 관심을 갖고 살펴보는 자세가 필요하며, 제안 검토 때문에 업무 부하가 많이 걸린 사원에 대하여는 업무 배분 시 고려해야 합니다.

Q39 분임조 활동 또는 개선 제안 활동에 대한 검토 및 평가해야 할 초급 관리자들이 지녀야 할 자세와 지식에 대한 조언을 부탁 드립니다.

A 자세적인 측면에서는 다음과 같이 조언하고 싶습니다.

첫째, 객관적인 사고를 가져야 합니다.

객관적인 사고란 어떤 사람이 평가하더라도 개인적인 주관이 없었다고 인정받도록 해야 한다는 것입니다.

자신과 친하다, 인맥(人脈)이 있다, 학연(學緣)이 있다 등을 인식하다 보면 자신도 모르게 공정한 평가가 이루어지지 않습니다. 현재 필자가 지도하고 있는 회사에서는 제안 제도에서 이런 문제를 없애기 위하여, 제안서 평가 시 제안자를 평가자가 모르게 하게 한 후 검토 및 심사하도록 하고 있습니다.

둘째, 수치 데이터를 근거로 판단해야 합니다.

무엇을 평가할 때에는 평가하기 위한 기준이 있고 실적이 있기 마련입니다. 실적을 판단할 경우 가능하면 수치화하여 데이터가 나올 수 있도록 평가 기준을 만들고 이에 대한 실적도 수치화하여 제시될 수 있도록 해야 합니다. 평가 항목에 따라 수치화가 도저히 어려운 경우는 5점법 평가를 사용하여 '매우 좋다(5점), 좋다(4점), 보통이다(3점), 미흡하다(2점), 매우 미흡하다(1점)' 등을 활용하면 됩니다.

셋째, 검토나 평가 결과에 대한 반응을 확인해야 합니다.

제안의 경우 불채택 사유가 제안자 입장에서 합당하다고 느끼고 있는지 분임조의 경우, 테마 해결 평가 결과에 대해 해당 분임조에서 불만이 없는지를 평가를 받고 있는 사람들의 소리를 들어봄으로써 자신이 하고 있는 업무에 대한 평가가 될 수 있습니다.

예를 들어 대통령이 일을 잘하고 있는지는 국민에게 물어봐야 하듯이 자신이 하고 있는 일이 잘 하고 있는지는 평가 받고 있는 사람에게 물어봐야 합니다.

PART
04

⋮

실시 및 효과 파악

Q40 제안 활동의 경우, 효과 금액이 산출되지 않는 것은 제안으로서 가치가 없는지요?

A 가치가 충분히 있습니다.

많은 기업에서 유형 효과만을 너무 강조하다 보니 이런 오해도 발생하는 것 같군요. 제안이란 근본 취지 자체가 주변의 낭비 요소나 개선점을 찾아 스스로 해결하거나 다른 직원에게 건단하여 회사의 생산성 향상이나 업무의 질 향상에 기여하는 것입니다.

무엇엔가 기여하는 방법은 돈으로 나타내는 것이 명확하겠지만 개선 내용에 따라 돈으로 환산하기에는 너무 정확성이 떨어져 무형 효과로 파악하는 것입니다. 따라서 무형 효과도 명확하게 눈으로 보이지는 않지만 효과가 발생하는 것은 분명한 것이지요.

예를 들어 라인 간의 이동 거리 감소, 자재 적치 방법 개선, 안전 의식 향상, 효율적인 파일 색인 방법 등은 명확하게 유형 효과를 산출하기는 어렵지만 분명히 효과가 발생하는 것만은 그 누구도 부정 할 수 없겠지요, 물론 이를 유형 효과로 억지로 산출할 수도 있겠지만 산출 결과가 분명하지 않아 오히려 정성적인 무형 효과로 표현하는 것이 좋은 방법입니다.

제안 활동에서 효과 평가에도 다음 〈그림〉과 같이 유형효과 제안과 무형 효과 제안을 구분하여 평가하고 있습니다.

단지 대부분의 기업에서 제안 평점 시 유형 효과보다는 무형 효과를 다소 평점을 낮게 하는 경향에 있습니다.

항목		배정	심사 기준 및 평가				
효과	유형	50	3,000만원 이상	1,000만원 이상 3,000만원 미만	500만원 이상 1,000만원 미만	100만원 이상 500만원 미만	100만원 미만
			50　　47	43　　40	37　　32	29　　27	25　　10
	무형	40	획기적 효과 (특허수준)	우수한 효과 (실용신안 수준)	양호한 효과	보통의 효과	다소의 효과
			40　　38	36　　30	25　　20	18　　10	8
지속성 (효과)		20	영구 지속적 (5년 이상)	장기적 지속적 (5년 미만)	중장기적 반복적 (3년 미만)	단기적 일시적 (1년 미만)	일회성
			20　　18	16　　14	12　　10	8　　6	4
착상 (독창성)		10	독창적이고 대단히 우수하다	독창적이고 우수하다	보통수준	기존의 것을 응용했다	모방, 즉흥적이다
			10　　9	8　　7	6　　5	4　　3	2
연구 (노력도)		10	대단한 노력과 고심한 것이 인정된다	고심과 노력이 인정된다	상당히 노력했다고 인정된다	비교적 노력했다고 볼 수 있다	조금은 그 노력을 인정할 수 있다
			10　　9	8　　7	6　　5	4　　3	2
실시 내용		10	제안 내용대로 실시	일부 수정	보통 수준	상당히 다름	전혀 다름
			10　　9	8　　7	6　　5	4　　3	2

〈그림〉 제안 평가 시트(예)

Q41 제안이 실제로 개선으로 연결되지 않는 경우가 많은데, 개선이 잘 이루어지려면 어떻게 해야 될까요?

A 많은 제안이 제출되고 있으나 실행하기 힘든 것이 대부분의 회사들 실정이라 해도 과언이 아닙니다. 그 이유는 바로 업무의 우선순위를 어디에 두고 있느냐에 원인이 있습니다.

어떤 회사든지 생산 부문(생산량)에 대한 실적은 별도로 지시하지 않아도 어느 정도 계획 대비 실적이 항상 관리됩니다. 하지만 생산한 것에 대한 질적 분석, 즉 생산성 지표 관리, 공정 산포 추이, 설비 가동률 등은 지시하지 않으면 스스로 하지는 않는 경우가 대부분입니다.

다른 말로 표현하면 업무의 직접적인(기본적인) 행위는 실시하지만, 간접적인(부가적인) 업무는 뒷전으로 미루어 놓고 있다고 표현할 수 있습니다 제안 활동 역시 직접적인 업무라기 보다는 현재의 업무를 좀 더 효율적으로 수행할 수 있도록 문제점을 발견하고, 개선하는 간접적인 업무라고 볼 수 있습니다.

따라서 업무 수행에 있어서 시급성이나 중요성 등에서 항상 우선 순위에서 밀려 있는 경우가 많습니다.

때문에 이를 해결할 수 있는 방법은 제안 활동이 간접 업무가 아니라 직접 업무로 인식될 수 있도록 전 직원이 인식의 전환을 해야 합니다.

이렇게 하기 위해서는

첫째, 전 사원에게 교육이나 홍보 활동을 통하여 제안 활동의 중요성을 인식시켜야 합니다.

둘째, 관리자가 자기 부서의 생산 실적을 챙기듯이 제안 활동의 실시율 실적도 챙겨야 합니다.

셋째, 제안 활동 실적을 대표이사에게 정기적으로 보고할 수 있는 체계를 만들어야 합니다.

그밖에도 붐 조성을 위한 여러 가지 활동을 실시할 수 있지만, 위에서 제시한 3가지만이라도 우선 실시하면 좋은 결실을 얻을 수 있을 것입니다.

Q42 라인의 레이아웃을 변경한 제안에 대해 문의 드립니다. 사용 공간을 축소하여 여유 공간에 신규 설비를 설치할 수 있게 됨에 따라 이 여유 공간에 대해 제안자는 평당 임대료를 계산하여 유형 효과(4백만 원)로 제출하였습니다. 이런 제안이 유형 효과 제안으로 적합한지 아니면 무형 효과로 적합한지요?

A 질문 내용으로 보아서 제안자의 의견은 유형 효과 제안으로 처리해 추가 포상을 해 달라는 뜻인 것 같습니다.

이런 사항들은 생산 현장에서 흔히 발생하는 사항이며 이는 아마 포상을 결정하는 사람과 포상을 받는 사람의 입장 차이에 기인한다고 볼 수 있겠죠. 이 경우는 현재뿐만이 아니라 향후에도 발생할 가능성이 많으므로 명쾌한 기준을 설정하고 판단해야 추후에도 이런 잡음이 나오지 않을 것 같네요.

우선 '효과'라는 것은 유형이던 무형이던 회사에 이익을 가져온다는 측면에서는 동일합니다. 단지 유형 효과라는 것은 그 이익의 정도가 측정이 가능하고 금액으로도 표시가 가능한 것을 말하며, 무형 효과라는 것은 측정이 어렵고 설령 측정하였다 하더라도 그 정확도가 많이 결여되어 금액으로 표시하지 않는 것이 더욱 바람직한 효과를 말합니다.

예를 들어 어떤 기술에 대한 이해도가 높아지거나 작업 환경이 청결해졌을 때 이것이 향후에 회사의 경영 이익에 영향을 미칠 것은 분명하지만, 특정 기간 내에 얼마만큼의 금액적인 효과를 미칠지는 계산하기도 어렵고 설령 계산한다 하더라도 그 데이터의 신뢰성에 의문이 갈 수가 있습니다.

이에 반하여 부적합품이 감소되었다거나 작업 시간이 단축되었을 경우에는 그 효과 정도를 측정하여 금액으로 표시할 수가 있으며, 그 수치 또한 어느 정도 신뢰를 할 수가 있으므로 이를 유형 효과로 처리하고 있습니다.

귀하의 질문에서 임대료가 4백만 원 감소될 수 있다는 것에 대한 구체적인 산출식을 필자가 보았다면 답변을 더욱 명료하게 하겠지만, 대체적으로 볼 때 임대료 절감이 확실하게 발생한다면 유형 효과로 판단하는 것이 옳을 것 같습니다.

Q43 제안 활동을 할 때 유틸리티(스팀, 전기, 용수) 산출 금액 또는 사용량에 대한 정확한 금액을 알고 싶습니다.

A 유틸리티 관리는 회사 생산 활동을 위하여 투입되는 각종 설비(냉동기, 보일러, 공조 설비, 에어 컴프레서, 순환 펌프 등)의 사용 비용을 주로 회사 공무팀에서 담당하고 있습니다.

총 사용 금액에 대하여는 회사 전체의 것은 가능하나 특정 구역이나 특정 라인, 특정 제품을 위하여 사용된 비용을 산출하기에는 어려운 점이 많습니다.

용수, 스팀 등은 서로 공용으로 공급 및 사용되기 때문에 회사 전체 사용량에 대하여 각 공장(또는 부서별) 배분 기준을 정하여 적용하는 것이 대부분입니다.

또한 유틸리티로 인한 사용 금액은 일반적으로 원단위 (原單位 :basic unit)라 하여 생산물 1개 또는 일정량의 생산물을 만들기 위하여 필요로 하는 원재료나 연료, 투입비를 산출하여 기업의 원가 계산이나 합리화 계획 등의 기초가 되는 자료로 활용합니다.

원단위가 낮아지면 낮아질수록 그만큼 생산이 합리적으로 이루어지고 있음을 의미합니다.

Q44 제안 활동에서 효과 금액을 산출할 때 단가는 회사 평균 임금으로 해야 할까요, 아니면 해당 파트 직원들의 평균 임금으로 해야 할까요?

A 한 번에 일관적으로 어느 것으로 해야 한다고 단정할 수는 없습니다.

중요한 판단 기준은 개선 효과에 직접적으로 영향을 받는 것이 무엇인지에 따라 바뀌어야 하기 때문입니다.

귀하의 질문으로 봐서는 인건비 절감이 발생하는 제안인 것 같은데, 그 제안을 실시함으로써 회사 전체 인원들(또는 불특정 인원)의 인건비가 절감될 수 있는 것이라면 회사 평균 임금을 적용하고, 제안 효과가 파트(부서) 내의 인건비에만 영향을 미친다면 파트 직원들의 평균 임금으로 해야 합니다.

Q45 제안 활동에 있어 재무 효과 산출을 할 수 있
는 방법을 알고 싶어요.

A 재무 효과(유형 효과)란 효과의 크기를 금액으로
정량화할 수 있는 효과로서 이를 원활하게 하기 위
해서는 원가에 대한 기초적인 개념을 공부해야 합니다.

그래야 자신이 개선한 것이 원가의 어느 부분이며, 그
부분의 구체적인 개선 효과를 어떻게 표현하여야 할지를
알 수 있습니다. 이를 위하여 회사의 매출액, 비용, 이익
간의 관계를 설명 드리면 다음과 같습니다.

우선 매출액이란 우리 회사에서 판매한 총 금액을 말하
며, 이 금액은 제품을 만들기 위해 들어간 비용(매출 원가
= 제조 원가)과 이를 팔기 위해 들어간 비용(판매 관리비)
그리고 이익으로 구성됩니다.

이들 간의 연관 관계를 도식화해 보면 다음 〈표 1〉과

같습니다.

〈표 1〉 매출액 구성 요소

매출액	총비용	변동비	제조원가	재료비
				노무비
		고정비		경 비
			판매비 및 일반 관리비	
			지급 이자	
이 익				

여기서 우리가 분임조 활동을 통하여 개선하고자 하는 금액은 주로 제조 원가(매출 원가) 부분이 됩니다.

그럼 제조 원가 구성은 어떻게 되는지를 간략하게 살펴보면 〈표 2〉와 같습니다.

〈표 2〉 제조 원가 구성 요소

제 조 원 가	재료비	자재 구입비(원재료, 부재료)
	노무비	월급(기본급, 수당, 상여금 등)
	경비	복리 후생비(식대, 경조사비 등), 교육 훈련비 도서 인쇄비, 전력료, 수도료, 소모품비(작업용, 사무용), 감가 상각비 등

또한 재료비, 노무비, 경비 중 어느 항목이 개선되었을 때는 이에 대한 유형 효과 산출식을 몇 가지 예를 들어 설명 드리면 〈표 3〉과 같습니다.

〈표 3〉 제조 원가 개선 효과 산출식

제 조 원 가	재 료 비	부적합 감소 시 (부적합품을 버려야 할 경우)	월 생산량 × [〈개선 전 부적합품률(%) – 개선 후 부적합품률(%) 〉 ÷ 100] × 생산 단가 × 연간
		원가 절감 활동 시	월 생산량 × [개선 전 단위당 재료비 – 개선 후 단위당 재료비] × 연간
	노 무 비	부적합 감소 시 (부적합을 재작업할 경우)	월 생산량 × [〈개선 전 부적합품률(%) – 개선 후 부적합품률(%)〉 ÷ 100] × 부적합품 재작업 시간 × 1인당 평균 인건비(시간당 임률) × 연간
		작업 시간(S/T) 단축 시	월 생산량 × [개선 전 S/T – 개선 후 S/T] × 1인당 평균 인건비(시간당 임률) × 연간
	경 비	전력료 절감 시	[개선 전 월간 단위당 전력 사용량 – 개선 후 월간 단위당 전력 사용량] × 단위당 가격 × 연간
		소모품 절감 시	[개선 전 월간 단위당 소모품 사용량 – 개선 후 월간 단위당 소모품 사용량] × 개당 소모품 단가 × 연간

Q46 경비, 노무비, 재료비 등 각종 금액에 대한 산출 근거와 그 효과 등에 대해 알고 싶습니다.

A 재료비, 노무비, 경비를 원가의 3대 요소라 하며, 이들을 모두 더하면 어떤 물품을 만드는데 들어가는 제조 원가가 됩니다.

질문하신 내용 중에 효과적인 측면을 먼저 말씀 드리는 것이 쉬울 것 같습니다.

원론적인 이야기인지 모르겠지만 기업의 목적은 크게 2가지로 볼 수 있습니다. 첫째는 이익 창출이며, 둘째는 사회 공헌입니다. 사회 공헌이란 기업이 이익 창출을 통하여 생존할 수 있어야만 가능한 것입니다.

그럼 기업이 생존하기 위해서는 이익 창출을 해야 한다는 뜻인데, 이익 창출을 위해서는 적은 돈을 들여 물건을 만들어 이익을 많이 내는 것이 가장 좋겠지요.

그런데 막상 얼마의 돈을 들여 얼마의 이익을 창출하고 있는지에 대한 의식은 대부분의 현장에서는 관심이 없습니다. 그저 원가, 손익하면 재무팀이나 경리과의 일로 생각하곤 하지요.

이제 무한 경쟁 시대에서 기업이 살아남기 위해서는 제조 현장에서도 기본적인 원가 의식을 갖고 모든 낭비 요소를 제거해야 할 때가 왔습니다.

사실 지금 우리나라의 제품 경쟁력이 낮아지고 있는 가장 큰 이유 중의 하나가 제조 원가입니다. 제품 가격이 중국보다 높기 때문에 물건을 시장에 내놓을 수가 없을 지경에 이르렀습니다.

그럼 제조 원가란 회사의 이익 창출에 어떻게 관련되는가를 간략히 살펴보면 다음과 같습니다.

매출액 = 제조 원가 + 영업 외 손익 + 특별 손익 + 이익이 됩니다. 즉, 이익 = 매출액 − 제조 원가 − 영업 외 손익 − 특별 손익이 되겠지요. 따라서 이익을 많이 내기 위해서는 제조 원가를 최소화해야 합니다.

앞에서 잠깐 언급하였지만 제조 원가는 재료비 + 노무비 + 경비로 구성됩니다. 그렇다면 제조 원가를 낮추기 위

해서는 재료비, 노무비, 경비를 최소화해야 한다는 결론이
나오겠지요.

첫째, 재료비란 제품을 만드는데 소요되는 원재료(원자
재) 및 부재료(부자재) 비용을 말합니다.

둘째, 노무비란 급여, 상여금, 각종 수당, 퇴직 충당금
을 말합니다.

셋째, 경비란 제품을 만들기 위해 투입되는 재료비, 노
무비 이외에 복리 후생비(식대, 출·퇴근 교통비, 건강 진
단비, 의료 보험료, 국민 연금, 고용 보험료, 등), 교육 훈
련비, 도서 인쇄비, 소모품비, 접대비, 전력비, 연료비, 수
도료, 가스료, 보험료, 제세 공과금, 감가 상각비, 차량 유
지비, 운반비, 수선비, 지급 수수료 등을 말합니다.

결론적으로 재료비, 노무비, 경비란 제조 원가의 구성
요소로서, 이를 절감하지 않으면 제품의 가격 경쟁력이 떨
어져 결국 기업의 존속에 큰 영향을 미친다는 것을 깨달아
각자가 자기 부문에서 제조 원가를 최소화함으로써 기업
의 가격 경쟁력을 높여야 한다는 것입니다.

Q47 안전에 대한 제안이나 분임조 활동을 할 경우
유형 효과 산출 방법을 알려 주세요.

A 　유형 효과 산출 방법을 한 가지로 잘라 말씀 드
리기는 어렵습니다.

안전에 대한 개선 활동 방향이 안전 사고 예방을 위한
활동 공수를 줄였다면 인건비 감소가 초점이 될 것이고,
안전 사고로 인한 무작업 건수를 줄였다면 무작업 감소로
인한 경상 이익률 증가가 초점이 될 것이며, 안전 활동 강
화로 화재 발생 건수를 감소시켰다면 화재 발생으로 인한
회사 손실 금액 감소가 초점이 될 것입니다.

즉 귀하 또는 귀 분임조가 안전과 관련하여 어떤 개선을
하였으며 절감 포인트가 어디에 있었느냐에 따라 유형 효
과 산출식이 달라질 수 있다는 것입니다.

하지만 어떤 유형의 개선 활동이라도 반드시 변화되지

않는 산출 기본 공식이 있으며 그에 대한 기본 개념은 다음과 같습니다.

> - 총 효과 금액 = 절감액 − 투자 금액
>   = Σ(재료비 절감액 + 인건비 절감액 + 경비 절감액) −
> Σ(재료비 투자액 + 인건비 투자액 + 경비 투자액)
> - 월간 생산량 적용 시는 과거 3개월 간의 평균 생산량을 적용
> - 대상 기간은 1년(12개월)을 적용

귀하께서 안전 활동과 관련하여 개선한 내용이 구체적으로 제시되었다면 유형 효과 산출식을 제시하기가 용이하나, 그렇지 못한 관계로 필자가 생각하는 안전 활동 개선과 관련된 유형 효과 산출 방법을 몇 가지 제시하겠습니다.

구 분	유형 효과 산출식
안전 사고 건수 개선을 통한 무작업 시간 감소	- (개선 전 안전 사고로 인한 손실 금액 − 개선 후 안전 사고로 인한 손실 금액) − 투자금액 = Σ(개선 전 안전 사고로 인한 무작업 시간 × 시간당 평균 임률 × 작업 인원수) − Σ(개선 후 안전 사고로 인한 무작업 시간 × 시간당 평균 임률 × 작업 인원수) − Σ(재료비 + 인건비 + 경비)
정전 시간 감소로 인한 매출액 향상	- (개선 전 정전으로 인한 생산 손실 금액 − 개선 후 정전으로 인한 생산 손실 금액) − 투자 금액 = Σ(개선 후 생산량 − 개선 전 생산량) × 개당 매출액 × 경상 이익률 − Σ(재료비 + 인건비 + 경비)
재해율 감소로 인한 보상액 절감	- (개선 전 보상액 − 개선 후 보상액) − 투자 금액 = Σ(개선 전 재해 보상액 − 개선 후 재해 보상액) − Σ(재료비 + 인건비 + 경비) 또는 - Σ(개선 전 재해 보험 가입액 − 개선 후 재해 보험 가입액) − Σ(재료비 + 인건비 + 경비)

PART
05

심사 및 포상

Q48

당사에서는 제안 심사 시 품질관리과 주관으로 모든 것을 수행하고 있는데 꼭 이렇게 해야 하나요? 심사 조직을 별도로 구성한다면 어떻게 할 수 있는지요?

A

회사의 규모에 따라 제안 심사 조직을 운영할 수 도 있고, 그렇게 하는 것이 오히려 불편할 수도 있습니다. 대기업의 경우에는 제안 주관 부서에서 수백, 아니 수천 명의 제안을 모두 검토하고 심사한다는 것은 많은 시간이 소요되며 심사의 질적 수준 또한 저하될 수 있습니다. 이럴 경우는 '직제 조직 심사형'의 심사 조직을 운영하는 것이 좋습니다.

직제 조직 심사형이란 현재의 직무 조직 구조를 그대로 활용하여 각 부문에서 자체적으로 제안을 접수 → 심사 의뢰 → 평가를 시행 후 주관 부문(전사 품질경영팀)으로 실적만을 통보하는 시스템으로 심사의 분업화를 추구하는 방식입니다.

중기업의 경우에는 '혼합 심사형'의 심사 조직을 구성하여 제안 주관 부문의 전문성과 현업의 자주 관리능력을 배양시키는 것이 좋습니다.

소기업의 경우에는 '심사위원회 심사형'의 심사 구조로 제안 건수가 많이 발생하지 않는 경우로 현업에 업무 부담을 주지 않고 제안 주관 부서에서 한 명의 담당자 주관 하에 관리자 회의를 통하여 심사 위원회를 병행 실시하도록 하는 제도가 효율적입니다.

각 심사 조직 구성의 형태를 도식화하면 다음 〈그림 1~3〉과 같습니다.

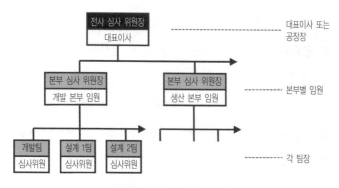

〈그림 1〉 직제 조직 심사형

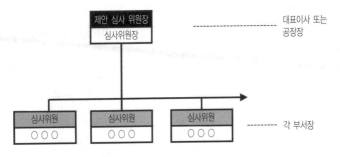

〈그림 2〉 심사 위원회 심사형

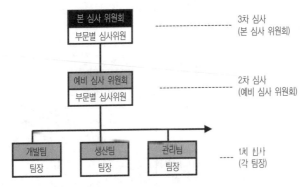

〈그림 3〉 혼합 심사형

Q49 제안 심사 조직 구성 형태에 따른 심사형의 장점과 단점을 알고 싶습니다.

A 각 심사 조직 구조의 장·단점을 비교하면 다음과 같습니다.

구 분	장 점	단 점	적 용
직제 조직 심사형	· 업무 처리 신속 · 책임과 권한의 이양 · 부문별 자주 관리 능력 향상	· 편견에 의한 심사 · 심사의 객관성 결여 · 형식적인 제안 활동 · 중복 제안 과다발생	대기업 적합
심사 위원회 심사형	· 공감성 있는 객관적 심사 · 제안 정보 공유의 신속 · 우수 제안의 수평 전개 용이	· 별도의 조직 구성 필요 · 업무 처리 지연 · 자주 관리 능력 저하	소기업 적합
혼합 심사형	· 주관 부문과 현업의 상호 협조에 의한 시너지 효과 · 우수 제안의 집중 관리 가능	· 제안 처리 절차의 복잡 · 제안 건수 저조	중기업 적합

Q50 제안 심사에서 필수적으로 들어가야 할 평가 항목에 대해 알려 주세요.

A 제안에 대한 평가를 명확하게 어떤 항목으로 평가하면 된다는 절대적인 기준은 없지만 일반적으로 제안의 효과성과 창의성으로 구분하여 평가하면 됩니다.

효과성이란 다시 유형 효과와 무형 효과로 구분할 수 있습니다. 유형 효과란 재무적으로 측정이 가능한 효과로서 금액으로 산출되는 효과를 말합니다.

무형 효과란 효과가 발생되지만 그 효과의 정도를 금액으로 표현하기가 어렵거나 설령 산출하여도 정확도가 많이 떨어질 수가 있어 정성적인 언어로 나타내는 효과를 말합니다.

다음으로 창의성이란 독창성, 노력성, 실시 용이성, 적용범위 등을 평가합니다.

독창성이란 아이디어의 능력이 탁월한 정도, 노력성이란 제안을 내기 위해 노력한 정도, 실시 용이성이란 아이디어를 구체적으로 작성한 정도, 적용 범위란 해당 제안이 적용될 수 있는 범위를 말합니다.

이를 도식화하며 나타내면 다음 〈그림〉과 같습니다.

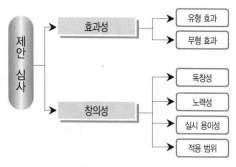

〈그림〉 제안의 평가 항목

위 〈그림〉을 기준으로 제안의 평가 항목을 자사 실정에 맞게 가감하여 사용하면 무난하리라 봅니다.

Q51 제안 심사를 할 때 심사자 사이에 차이가 많아 불평들이 많습니다. 이를 줄일 수 있는 방법은 없을까요?

A 제안 심사자 간의 평점 결과 차이는 여러 가지 요인이 있을 수 있지만, 필자가 제시하는 다음의 2가지를 보완한다면 많은 문제가 감소될 것으로 판단됩니다.

첫째, 심사 시뮬레이션을 실시하세요.

제출되는 제안의 유형을 골고루 샘플링하여 제안 심사자들을 모아 모의 심사를 실시하는 것입니다.

이를 실시하는 방법은 다음과 같습니다.

순서 1 : 심사원 선정

순서 2 : 표본 추출

순서 3 : 평점 대상 제안서 발표

순서 4 : 블라인드(blind) 평점 실시

순서 5 : 평점 결과 공유(picket open)

순서 6 : 소그룹 변론(소수 의견 변론)

순서 7 : 합의점 도출

둘째, 심사 매뉴얼을 작성하세요.

모의 심사를 통해 나타난 결과를 반영하여 자사의 '제안 심사 매뉴얼'을 작성하는 것입니다.

제안 심사 매뉴얼에 삽입되어야 할 내용은 다음과 같습니다.

내용 1 제안 운영 규정

내용 2 심사원 자격 부여 및 운영

내용 3 실시 완료 제안 첨부 서류 기준

내용 4 실시 완료 제안 현장 확인 기준

내용 5 심사 기준표에 의한 평점 기준

- 유형 효과 제안 : 원가 절감 항목별 산출 사례 제시

- 무형 효과 제안 : 유형별 평점 기준 정의

- 유·무형 공통 사항 : 평가 항목(독창성, 노력성, 실시 용이성, 적용 범위)에 대한 자사 사례의 설명

Q52 제출된 제안을 효율적으로 평가하기 위해 필요한 평가 항목 및 이에 대한 평기표 사례를 알려 주세요.

A 제안서 평가는 채택된 제안의 질이 어느 정도 되는지를 평가하는 것으로 평가 요소가 무엇이냐에 따라 평가 점수가 증감될 수 있습니다. 따라서 평가 요소는 제안의 질을 정확히 평가할 수 있는 척도로 구성하는 것이 바람직하죠.

그런데 제안 평가에는 절대적인 평가 항목이 정해져 있지는 않습니다. 회사의 업종, 규모, 인적 자원의 구성 상태에 따라 탄력적으로 운영하는 것이 좋습니다. 단, 제안 평가에 있어 필수적으로 들어가야 하는 평가 요소를 제시하면 효과(유·무형), 창의성, 실시성 등을 들 수 있습니다.

회사에 따라 평가 항목이 다를 수 있으며 설령 같은 항목이 있더라도 항목에 대한 비중이 다를 수 있습니다. 제안자 평가에서 가장 중요한 것은 평가 기준이 제안의 질을 정확히 판단할 수 있는, 변별력이 높은 것이 되어야 한다는 것입니다. 참고로 여러 회사에서 실시하고 있는 제안 평가 요소를 소개하면 〈표 1~4〉와 같습니다.

〈표 1〉 A사 제안 등급 평가 항목 사례

평가 항목		평가 내용
효과	유형	정량적인 금액으로 환산되어 나타나는 효과
	무형	정량적인 금액으로 환산되어 나타나지 못하는 효과
창의성		개선안에 대한 독창성의 정도
파급 효과		다른 조직이나 업무에 적용되어 나타날 수 있는 효과의 정도
노력도		개선안을 만들기 위하여 노력한 정도
실시 가능성		개선안을 수정 없이 곧바로 실시할 수 있는 정도

〈표 2〉 A사 제안 등급 분류 기준 사례

등급	평점	등급	평점
1	96~100	6	61~70
2	91~95	7	51~60
3	86~90	8	41~50
4	81~85	9	31~40
5	71~80	10	0~30

〈표 3〉 B사 제안 평가 기준 사례

항목		배점	평가 기준					
			가	나	다	라	마	바
효과	유형	35	1만 2만 / 1~3 4~6	3만 4만 / 7~9 10~12	8만 12만 / 13~15 16~18	20만 30만 / 19~21 22~24	40만 50만 / 25~27 28~30	50만 이상 / 31~35
	무형	20	효과 없음 1~4	조금 효과 5~8	제법 효과 9~12	상당 효과 13~16	큰 효과 17~20	
평가 기준	착상점	15	아이디어 뒷받침이 전혀 없다	독창성이 없으나 착상이 다소 좋다	독창성이 없으나 착상이 좋다	독창성이 있고 착상이 좋다	독창성이 뛰어나고 착상도 매우 좋다	독창성, 창조력이 훌륭하다
			0	3	6	9	12	15
	이용도	15	이용할 수 있다	조금은 달리 이용할 수 있다	꽤 많이 이용할 수 있다	상당히 달리 이용할 수 있다	널리 이용할 수 있다	매우 널리 이용할 수 있다
			0	3	6	9	12	15
	노력점	15	개선의 노력이 없다	다소 노력을 했다	꽤 노력이 인정된다	상당한 노력이 인정된다	상당히 큰 노력이 인정된다	현저한 노력이 인정된다
			0	3	6	9	12	15

〈표 4〉 B사 제안 등급 분류 기준 사례

평점	등급	시상금(원)	평점	등급	시상금(원)
0~30	10	5,000	71~80	5	30,000
31~40	9	7,000	81~85	4	50,000
41~50	8	10,000	86~90	3	70,000
51~60	7	15,000	91~95	2	100,000
61~70	6	20,000	96~100	1	200,000

Q53 제안에 대한 포상 기준을 마련하고 싶은데 어떤 종류의 포상 방법이 있으며, 포상 기준 작성은 어떻게 해야 하는지 막막합니다.

A 제안에 관련된 포상 유형과 포상 금액에 대해 설명 드리겠습니다.

우선 포상 종류를 살펴보면 제안을 제출만하여도 지급하는 참가상이 있으며, 제안이 채택되어 실시하거나(아이디어상), 개선을 실시 후 제안하는(실시 제안)사항에 대해 사내 제안 평점 기준에 의거하여 평점을 실시한 후 포상합니다.

이외에도 '최다 제안 건수상', '최다 득점 제안상', '분기/반기/연간 우수 제안상' 등 많은 포상 종류가 있으며 이와 관련된 사항을 〈표〉에 제시해 드리니 참고하시기 바랍니다.

〈표〉 포상 유형

포상 구분	대 상	내 용	지급 시기	비 고
실시상	제안자	제안 실시 후/실시 등급별 상금 지급	매월	포상금은 포상 금액 기준표에 따름
마일리지상	제안자	입사~퇴사까지 누적 점수	점수 도달 시	
최다 득점상	제안자	당해 연도 득점 상위자	매년 말	
우수 제안상	제안자	당해 연도 실시 제안에 대한 득점 상위자		
우수 부서상	우수 부서	당해 연도 개선 활동 우수 부서		

다음으로 포상 금액을 살펴보면 제안 포상금은 일괄적으로 '얼마를 지급해야 한다'고 정할 수 없으므로 각 회사마다 실정에 맞게 다양하게 운영되는 것이 좋습니다. 또한 포상금에 대한 책정이 무조건 높다고 해서 좋은것도 아니며, 낮다고 해서 무조건 나쁜 것도 아닙니다. 중요한 것은 회사의 수준에 맞게 상금이 책정되고 제안 활동 활성화에 기여할 수 있도록 하는 것이 중요한 것입니다.

Q54 제안 시상금의 책정에 대해 예를 들어 설명해 주십시오.

A 제안 시상금은 각 회사마다 그 회사 실정에 맞게 다양하게 운영되고 있습니다.

시상금에 대한 책정은 무조건 높아서 좋거나 낮아서 나쁜 것은 아닙니다.

중요한 것은 그 회사의 수준에 맞게 책정하여 이 시상금이 제안 활동 활성화에 기여하도록 하는 것이 무엇보다 중요합니다.

대체적으로 제안 시상금 책정은 제안 평가표에 따라 100점 만점으로 평점하여 그 평점 결과를 등급으로 분류·운영하는 것이 일반적입니다.

현재 각 사에서 운영되는 제안 시상금 지급 기준을 대기업, 중견 기업, 중소기업 1개씩을 선별하여 〈표 1~3〉에 제시하오니 참고하시기 바랍니다.

⟨표 1⟩ IS사 제안 시상금 지급 기준표 (대기업)

구 분	등급	포상 기준(평가 점수)	포상금(원)
실시상	특급	96점 이상	사장 결정(별도 품의)
	1급	90 이상 ~ 96 미만	50만
	2급	85 이상 ~ 90 미만	30만
	3급	75 이상 ~ 85 미만	10만
	4급	60 이상 ~ 75 미만	3만
	5급	60점 미만	1만

⟨표 2⟩ BS사 제안 시상금 지급 기준표 (중견 기업)

구 분	등급	금액(원/1건)	마일리지	결재권자
아이디어 제안상	채택	5,000	3	공장장 팀장 지점장 파트장 영업소장
	참가	3,000	2	
	단순	없음	1	
실시 제안상	추천	20,000	12	
	우수	10,000	6	
	양호	5,000	3	
	보통	3,000	2	
	단순	−	1	
추천 제안상	특1등급	500,000	150	사장
	특2등급	300,000	120	
	1등급	200,000	90	담당임원
	2등급	100,000	60	
	3등급	50,000	30	

※ 추천 제안에 한하여 그 시상금의 20%를 아이디어 로열티로 아이디어 제안자에게 지급한다.

〈표 3〉 BT사 제안 시상금 지급 기준표 (중소기업)

등급	점수(점)	포상 금액(원)	비 고
1	500 이상	특별 포상	유·무형 효과에 따라 포상 금액 결정
2	400~499	30,000	매점 이용 쿠폰 또는 현금
3	300~399	20,000	
4	200~299	10,000	
5	200 미만	5,000	
우수 제안상	월간 우수 제안자에게 수여하는 상 (대표이사 훈격의 표창장 수여)		
채택상	채택된 제안자에 수여하는 상.(별도의 표창장은 수여하지 않음)		
참가상	전 제안자에게 건당 500원의 매점 쿠폰 지급		

Q55 저희 회사는 부서별 즉결식 심사제를 운영하고 있습니다. 심사사 간 심사 불균형을 최소화할 수 있는 방안이 있으면 알려 주세요.

A 귀사는 제안에 대한 평가를 해당 부서에 자율권을 주어 실시하고 있는 것 같습니다.

제안을 평가하는 심사자 간에 대한 편차 문제는 귀사의 즉결식 심사제뿐만 아니라 제안 제도를 실시하는 많은 회사에서 발생하는 문제이기도 합니다.

이는 제안 검토자(심사자)가 심사 기준을 이해하는 정도가 서로 다르거나, 친분이 있어 무조건 채택시키거나 평가 점수를 높게 하는 경우가 말썽을 일으키는 경우가 있죠. 이런 여러 가지 불합리한 사항을 없애기 위해서는 다음에 필자가 권고하는 사항들 중에 우선적으로 실행 가능한 내용부터 실시해 보시기 바랍니다.

첫째, 제안 평가 방법에 대한 매뉴얼을 만드세요.

제안 평가 기준에 대한 해설 및 사례를 넣어 모든 심사자가 읽을 수 있도록 하세요.

둘째, 심사자들을 모아 워크숍을 실시하세요.

제안 평가 매뉴얼에 대하여 교육을 실시하고 가상 제안을 만들거나, 이미 정리한 제안서 중 다양한 사례를 뽑아 워크숍에서 여러 심사자간에 평가를 하여 심사자간의 편차가 어느 부분에서 많이 발생하는지를 찾아내고 그 부분에 대한 집중 토의를 실시하는 것입니다.

셋째, 제안 평가에 대한 감사를 실시하세요.

정기 또는 비정기적으로 제안서를 샘플링하여 심사 결과가 공정하게 실시된 것인지를 확인하고, 문제나 의문 사항이 있는 제안서에 대하여는 해당 심사 부서(심사자)를 방문하여 토의를 실시합니다.

넷째, 설문 조사를 실시하세요.

제안자를 대상으로 제안 심사와 관련하여 어떻게 생각하고 있는가를 설문서로 작성(설문 조사의 효율성을 위하여 제안 심사를 포함한 제안 제도 운영 전반에 대하여 설문서를 작성하는 것도 좋음)하여 조사를 실시합니다.

Q56 생산 간접 사원의 개선 제안에 대한 평가와 포상을, 생산 직접 사원의 개선 제안과 동일하게 평가하고 포상해야 하는지 문의 드립니다.

A 이는 생산 간접 사원과 생산 직접 사원간의 문제만은 아니며 제안을 제출하는 사람의 입장을 전반적으로 고려하는 것이 좋습니다.

이를 위해 제안자 조정 계수라는 것을 운영하고 있습니다.

제안자 조정 계수라는 것은 제안자의 직급이나 업무 연관정도를 고려하여 제안의 평가 점수를 조정하는 방법을 말하며 적용 방법은 다음과 같습니다.

첫째. 제안자 직급·지위

제안자의 직급·지위가 높을수록 다양한 정보를 접할 수 있는 기회가 많습니다. 따라서 현장에서 자기 일만 하는 작업자보다는 제안을 제출하기가 용이하기 때문에 직급·지위에 따라 적당한 감점 비율을 적용하는 것입니다.

감점 비율은 직급·높아질수록 크게 적용하는 것이 바람직합니다.

둘째, 업무 연관성

제안 내용이 본인의 당연직 업무인가 아니면, 본인과 관련 없는 타인의 업무인가를 고려하는 방법입니다.

본인의 업무에 가까울수록 제안 제출이 용이하며 관계가 멀수록 그 업무와 관련하여 새로운 아이디어를 창안하기는 어려운 것입니다.

따라서 제안 내용이 본인의 고유 업무에 가까울수록 감점 비율을 높게 적용하는 것이 바람직합니다.

이에 대한 적용 사례를 제안 양식에서 발췌하여 소개드리니 참고하시기 바랍니다.

제안자 조정 계수

구 분		조정 계수							
I	제안자 직급·직위	□임원	□관리자 (팀장, 과장 이상)	□사무직 사원 (사원, 대리)		□감독직 (조, 반, 직장)		□현장직 (현장 사원)	
		0.80	0.85	0.90		0.95		1.00	
II	업무 연관성	□당연직 업무	□ 매우 많다	□많다	□보통	□적다	□매우 적다	□관련 없다	
		0.70	0.75	0.80	0.85	0.90	0.95	1.00	

Q57
제안 제도를 도입하려고 합니다. 제안 심사 시의 평가 항목에 대한 다양한 사례를 소개해 주십시오.

A
제안 심사란 우선 채택된 제안에 대하여 제안의 질(質)적인 정도가 얼마만큼 되는지를 평가하는 요소로서, 평가 요소가 무엇이냐에 따라 그 평가 결과 점수가 증감될 수 있습니다.

따라서 평가 요소는 제안의 질을 정확히 평가할 수 있는 척도들로 구성되는 것이 가장 바람직하나, 이에 대한 절대적인 평가 항목이 정해져 있는 것은 아니며 그 회사의 업종, 회사 규모, 인적 자원 구성 상태에 따라 가변적으로 수립되는 것이 좋습니다.

단지 제가 권고할 수 있는 제안의 필수적인 평가 요소는 '효과(유·무형)', '창의성', '실시성',의 3대 요소는 반드시 평가 항목에 삽입되어야 한다는 것입니다.

그럼 각 사에서 시행하고 있는 제안의 평가 요소 사례를 소개해 드리면 다음 〈표 1~10〉과 같습니다.

〈표 1〉

평가 항목	효 과	착 상	사용 범위		연구 노력	합계
			시간	장소		
유형 제안	30	30	10	10	20	100
무형 제안	20	30	10	10	20	90

〈표 2〉

평가 항목	개선 효과	창의성	적용 범위	완성도 및 실현성	연구 노력	실시 후의 상태	소요 경비	기대 효과 (무형)	중요도	직무 관련성	합계
유형 제안	30	20	15	10	10	10	5	–	–	–	100
무형 제안	–	20	15	–	20	–	–	15	15	15	100
아이디어 제안	–	35	–	20	25	–	–	20	–	–	100

〈표 3〉

평가 항목	경제성	파급효과 및 적용범위	생산성/품질/ 사무개선/안전/ 사기앙양 등 효과	지속성	창의력	실시 노력도	합계
유형 제안	40+α	20	–	–	20	20	100+α
무형 제안	–	–	40	20	20	20	100

〈표 4〉

◈ 단순 제안

평가 항목	창의성	효 과	실용성	적용 범위	합계
유형 제안	40	30	20	10	100
무형 제안					

◈ 창의 제안

평가 항목	효 과	창의성	연구 노력도	실용성	적용 범위	계속성	합계
유형 제안	30	20	15	15	10	10	100
무형 제안							

〈표 5〉

평가 항목	효과	창의성	노력도	적용도	표준화	합계
유형 제안	50	20	10	10	10	100
무형 제안	30					80

〈표 6〉

평가 항목	효과	독창성	연구 노력성	실현성 (실시성)	적용 범위	지속성	합계
유형 제안	40	15	15	10	10	10	100
무형 제안	35						95

〈표 7〉

평가 항목	유형 효과	무형 효과	독창성	중요도	이용도	노력도	합계
유형 제안 무형 제안	60	10	10	10	5	5	100

〈표 8〉

평가 항목	유형 효과	지속성	파급성	노력도	창의성	합계
유형 제안 무형 제안	60	10	10	10	10	100

〈표 9〉

평가 항목	효과	창의성	노력도	지속도	제안자	합계
유형 제안	40	30	10	10	10	100
무형 제안	20					80

〈표 10〉

평가 항목	실현성	창의성	경제성	파급성	제안자	합계
유형 제안 무형 제안	30	30	20	15	5	100

Q58

한 사업장 내에서 제안 활동 평가 기준을 서로 다르게 해도 되는지요? 예를 들어, 동일 제안에 대해 A부서에서는 100점을, B부서에서는 80점을 주어도 괜찮은지요?

A

동일한 사업장 내에서 개선 활동 평가 기준을 서로 다르게 한다는 것은 불합리합니다.

기본적으로 사내 표준화가 미흡한 상태라고 생각되네요.

제안 활동은 사실 국내 다른 기업 간에도 대체적으로 비슷한 평가 기준을 가지고 운영할 만큼 표준화가 잘 되어 있는 시스템입니다. 그런데 하물며 사내에서도 동일한 제안을 다르게 평가한다는 것은 원인을 분석해 봐야할 것 같군요.

혹시 다음과 같은 경우는 있을 수 있습니다.

첫째, 제안서에 대해 1, 2차 평가가 있는 경우입니다.

이 경우는 1차 평가(소속 부서나 제안 검토 부서) 실시 후 제안 실시 완료 후에 2차 평가를 제안 주관 부서에서 검증 차원에서 실시하는 경우가 있습니다. 이 경우 같은 제안을 보고도 서로 간에 의견이 다를 수는 있습니다.

둘째, 제안자 평가 계수를 적용하는 경우입니다.

제안자 평가 계수란 제안 평점 결과를 놓고 제안 내용이 자신의 업무와 관련성이 많다면 일정 비율로 평점 결과를 감점을 시키는 것입니다.

앞의 2가지 사항에 모두 해당되지 않는다면 귀사 제안 주관부서에 건의하여 시스템을 보완하는 것이 좋을 것 같습니다.

Q59 제안 등급에 따른 포상 금액에 대해 타사의 사례를 알고 싶습니다.

A 제안 상금 설정에서 가장 중요한 것은 자기 회사에서 제안 제도에 투자할 수 있는 비용이 어느 정도인지를 먼저 파악하는 것입니다.

파악을 위해서는 윗사람 또는 경영자와 면담을 실시하되 사전에 타사(동종 업계, 동종 규모이면 더욱 좋음) 현황을 벤치마킹하여 이를 근거로 면담을 실시합니다.

벤치마킹을 실시하면 예상되는 채택 건수, 등급, 포상 금액을 추정할 수 있으므로 이를 근거로 하여 등급별 제안 상금을 설정합니다. 타사의 제안 등급별 포상 금액을 예시하면 다음 〈표 1~4〉과 같습니다.

<表 1>

• 제안 포상 기준표

등급	득 점(점)	포상금(원)	비 고
특급	101 이상	이사회 상정	
1	96~100	200,000	
2	91~95	150,000	
3	87~90	100,000	최대포상금은
4	76~85	50,000	200만 원을
5	66~75	20,000	초과하지 않는다.
6	56~65	10,000	
7	46~55	8,000	
8	06~45	5,000	

<표 2>

평점	등급	시상금(원)	평점	등급	시상금(원)
0 ~ 30	10	5,000	71 ~ 80	5	30,000
31 ~ 40	9	7,000	81 ~ 85	4	50,000
41 ~ 50	8	10,000	86 ~ 90	3	70,000
51 ~ 60	7	15,000	91 ~ 95	2	100,000
61 ~ 70	6	20,000	96 ~100	1	200,000

<표 3>

등급	심사 채섬	포상 금액	
		개인(원)	단체(분인조)(원)
A	90점 이상	100,000	100,000
B	80~89점	50,000	80,000
C	70~79점	20,000	50,000
D	60~69점	10,000	30,000
E	40~50점	5,000	10,000
F	40점 이하	2,000	2,000

※ 2인 이상의 종업원이 공동으로 제안한 경우에는 균등 분할하여 수여한다.

<표 4>

등급	평점	금액(원)	포인트
특급	90점 이상	300,000	100마일
1급	85점 이상	200,000	70마일
2급	80점 이상	100,000	50마일
3급	75점 이상	50,000	30마일
4급	70점 이상	30,000	20마일
5급	60점 이상	10,000	15마일
6급	50점 이상	5,000	12마일
7급	40점 이상	3,000	10마일
참여상	30점 이상	2,000	5마일
심사 제외	29점 이하	-	2마일

※ 포인트는 마일리지 제도 실시에 따른 보너스 점수다.

Q60 제안 활동에서 마일리지 운영 방법에 대해서 알려 주세요.

A 마일리지 운영 방법은 시중에서 많이 운영되고 있는 사례를 참고하여 설명될 수 있습니다.

예를 들어 항공사에서는 서울 ↔ 부산 탑승 시 500마일의 보너스를 부여하여 마일리지가 1만 마일(20회 탑승)이 되었을 때 '서울 ↔ 부산 1회 무료 탑승'이 주어지고 있습니다.

이 경우를 보면 5% 정도의 마일리지 보너스를 운영하는 것으로, 이를 귀사 제안 제도에 응용한다면 제안 점수의 5%를 마일리지제도로 적용하면 됩니다.

이런 마일리지 제도는 철도청, 서점, 주유소, 피자 가게 등에서도 많이 이용되고 있습니다.

타사에서 운용되고 있는 마일리지 제도를 소개해 드리

면 다음 〈표 1~2〉와 같습니다.

〈표 1〉		〈표 2〉	

마일리지	보너스
10마일	1만 원 상당의 기념품
15마일	5만 원 상당의 기념품
30마일	10만 원 상당의 시계
50마일	50만 원 상당의 카메라
100마일	미국 해외 여행권

마일리지	보너스
5	도서 상품권 1매
10	도서 상품권 2매
30	1만 원 주유권 1매
50	5만 원 백화점 상품권 1매
100	10만 원 백화점 상품권 1매

한 가지 권고 드릴 사항은 마일리지 점수에 의해 포상할 때는 현금보다는 이에 상응하는 상품이나 보너스 제도를 적용하는 것이 좋습니다.

Q61 중소기업형 제안심의위원회(또는 심의 절차)의 구성은 어떻게 하는 것이 좋을까요?

A 일반적으로 중소기업의 조직을 보면 대표이사, 공장장, 생산부, QC부, 관리부, 영업부 정도로 구성되어 있는 경우가 많습니다. 이런 경우 제안심의위원회의 구성은 대표이사나 공장장을 심사위원장으로 하며 각 부서장이 심의위원을 하면 됩니다.

주요 심의 안건은 다음과 같습니다.

① 제안 내용 중 일정 등급 이상의 우수한 제안의 심의

② 이의 사항이 발생한 불채택 제안의 재심의

③ 제안 제도 운영의 추진 방향 및 문제점 검토

또한 제안 심의 위원회 개최 방법은 별도로 회의체 운영을 하는 것보다 기존 실시되고 있는 회의 중 각 부서장 및 임원이 참여하는 회의가 있다면, 그 회의에 안건만 추가하여 실시하면 됩니다.

Q62 제안 심사의 등급 평가 항목 가운데, '평가 내용'에서 점수 환산은 어떻게 하는 것이 이상적일까요?

A 평가 항목 및 배점은 귀사의 항목을 기준으로 하면 됩니다.

각 평가 항목별 점수 배분은 일반적으로 5점법(배점을 일정 비율로 5단계로 나눔)을 많이 사용합니다.

예를 들어 10점이 배점이면 10점, 8점, 6점, 4점, 2점의 5단계로 나눕니다.

나누는 기준은 다음 〈표〉에서와 같이 매우 우수, 우수, 보통, 미흡, 매우 미흡과 같은 기준을 적용합니다. 만약 좀 더 세분화된 평점으로 평가하고 싶다면 평점을 연속적인 값으로 주는 방법이 있습니다.

또한 〈표〉에서 유형 효과를 A급(40~33점), B급(32점~25점), C급(24점~17점), D급(16점~9점), E급(8점~1

점)으로 나누어 평점할 수도 있습니다.

하지만 평점이 세분화될 경우 객관적인 평점 기준을 설정하기가 어려워지는 단점이 있습니다.

각 평가 항목별로 평점이 끝나면 가로, 세로의 끝에 해당 평점을 기록합니다.

제안자에 따라 가중치를 두어 최종 평점을 다시 산출할 수도 있습니다. 예를 들어 80점이 나왔을 경우 관리자가 낸 제안이라면 총점에 0.8을 곱하여 64점으로 하고, 사무직 사원인 경우에는 0.9를 곱하여 72점으로 하고, 현장 사원인 경우는 1.0을 곱하여 그대로 80점을 적용할 수도 있습니다. 이런 평점 방법을 '제안자 평가계수를 적용한 평점'이라고 합니다.

〈표〉 평가 항목 및 배점 사례

항목		평가	평가 점수 A (100-80%)	B (80-60%)	C (60-40%)	D (40-20%)	E (20-0%)	평점 합계
효과	유형	원가 절감 생산성 향상 경비 절약	40점	연1,000만 원 이상	연800만 원 이상	연 600만 원 이상	연400만 원 이상	연200만 원 이상	
	무형	업무 절차 개선, 환경/ 안전 개선		매우 크다	크다	보통	작다	매우 작다	
				40점	32점	24점	16점	8점	
공헌도	품질 향상의 공헌도	품질 향상 납기 단축 재고 절감	15점	매우 우수	우수	보통	미흡	매우 미흡	
				15점	12점	9점	6점	3점	
착상력	독창력의 우수성	창조력 착안력	25점	매우 우수	우수	보통	미흡	매우 미흡	
				25점	20점	15점	10점	5점	
응용력	활용 범위	수평전개 가능범위	10점	그룹전체	회사전체	공장전체	부 전체	과 전체	
				10점	8점	6점	4점	2점	
노력도	노력한 정도	제안작성 상태	10점	매우 노력	노력	보통	노력 미흡	노력 하지 않음	
				10점	8점	6점	4점	2점	
합 계			100점						

Q63

등급 심사의 기준 포인트는 어떻게 되는지요?

A 　제안을 등급으로 구분하여 판정하기 위해서는 우선 제안의 우수성을 평가할 수 있는 평가 항목을 설정해야 합니다.

일반적인 평가 항목은 다음 〈표 1〉과 같습니다.

또 〈표 1〉의 평가항목을 기준으로 평가 항목별 배점 기준에 의하여 평점을 실시 후 등급 평가를 실시합니다.

등급 분류 기준은 일반적으로 다음 〈표 2〉와 같으나 회사 실정에 따라 평점 방법은 많은 응용이 필요합니다.

〈표 1〉 등급 심사 평가 항목

평가 항목		평가 내용
효과	유형	정량적인 금액으로 환산되어 나타나는 효과
	무형	정량적인 금액으로 환산되어 나타내지 못 하는 효과
창의력		개선안에 대한 독창성의 정도
파급 효과		다른 조직이나 업무에 적용되어 나타날 수 있는 효과의 정도
노력도		개선안을 만들기 위하여 노력한 정도
실시 가능성		개선안을 수정없이 곧 바로 실시할 수 있는 정도

〈표 2〉 등급 분류 기준

등 급	평 점	등 급	평 점
1	96 ~ 100	6	61 ~ 70
2	91 ~ 95	7	51 ~ 60
3	86 ~ 90	8	41 ~ 50
4	81 ~ 85	9	31 ~ 40
5	71 ~ 80	10	0 ~ 30

Q64 제안 활동의 시상금과 등급 점수가 회사마다 다른데 왜 다른지, 또 공통화시킬 수는 없는지요?

A 그것은 회사마다 여러 가지의 포상 제도가 같지 않다는 것과 동일하다고 보면 될 것 같습니다.

A회사는 직원에게 10년 근속상을 10만 원 상당의 상품으로 지급하고, B회사는 50만 원의 현금을 지급하고, C회사는 부부 동반의 해외 여행을 시키고 있습니다. 이것에 대해 국가 차원에서 '모든 회사는 직원의 10년 근속상을 30만 원의 현금으로 지급하라'고 할 수는 없는 것입니다.

제안 등급별 점수도 마찬가지입니다. 중요한 것은 현재의 제도가 그 회사 실정에 적합한가를 검토하는 것이 중요합니다. 단지 제안 점수 평가 시 검토 항목에 대하여는 '독창성', '효과의 크기(유형·무형)', '노력도', '파급 효과', '실시 가능성', '기타' 등을 검토하는 것은 어느 회사나 공통적으로 적용할 수 있습니다.

Q65
개선 제안 활동 시 성과 보상에 대하여 효과 금액 인정 방법, 효과 금액 산출 방법, 포상 지급액 (절감액의 몇 %) 등을 알고 싶습니다.

A
질문하신 3가지 사항 모두 절대적인 기준은 없습니다. 가장 좋은 방법은 귀사의 실정이나 전례에 맞추어 실행하는 것이 가장 좋으며, 필자가 말씀 드릴 수 있는 사항은 국내에서 가장 보편적으로 적용하고 있는 사항이니 이를 참고하여 귀사 제도에 활용하시기 바랍니다.

첫째, 효과 금액 인정 방법은 기본적으로 제안서 내에 기재된 예상 효과 금액을 기준으로 제안 검토자가 타당성을 검토하여 확정합니다.

이론적으로 좀 더 정확한 효과 금액은 제안 실시 1년 경과 후 실제 개선안이 적용되어 나타난 효과를 평가하는 것이겠지만, 이를 관리하기에는 많은 시간과 노력이 필요하므로 이런 방식으로 효과 금액을 인정하는 경우는 드물다고 생각하시면 됩니다. 아주 특이하게 유형 효과가 클 경우 해당되는 몇 건에 대하여 추가 보상을 실시할 때 실제 1년간 산출된 효과 금액을 평가하는 경우가 종종 발생합니다.

둘째, 효과 금액 산출 방법은 쉽게 '개선 전 소요 비용 – 개선 후 소요 비용'으로 생각하면 됩니다. 개선 내용에 따라 몇 개의 항목이 추가될 수는 있지만 근본적인 내용은 비슷합니다.

대표적인 효과 금액 산출 방법을 다음 〈표〉에 제시하니 참고하시기 바랍니다.

셋째, 포상 지급액은 해당 기업에서 발생할 수 있는 유형효과 금액의 최대 금액을 예상하여 이를 몇 개의 구간으로 나눈 후, 실제 제안 활동에 의한 효과 금액을 대조하여 해당 등급(구간)에서 정한 금액을 포상합니다.

이는 첫 번째에서 이야기한 인정된 효과 금액과 관련이 많으며, 개인에게 급여 외에 지급되는 추가의 돈이므로 적용에 있어서 민감한 사항이 발생할 수 있으니 철저한 검토를 실시 후 적용하기를 권장 드립니다.

기타 유형 효과 금액에 몇 퍼센트를 포상 금액으로 하느냐에 대해서는 대체적으로 6시그마 활동에서 재무 검토를 실시한 후 적용하고 있지만, 실제로는 효과 금액에 대한 정확성 확보가 설여되는 경우가 많아 아직 활성화되지는 않고 있습니다. 따라서 제안 활동에서 유형효과에 대한 재무적 정확성 검토를 한다는 것은 오히려 '필요악'이 될 수 있으므로 지양하는 것이 바람직하다고 생각합니다.

〈표〉효과 금액 산출 방법

구 분		유형 효과 산출식
제조원가	재료비	**부적합 감소 시 (부적합품을 버려야 할 경우)** 월 생산량 × [〈개선 전 부적합품률(%) – 개선 후 부적합품률(%)〉 ÷ 100] × 생산 원가 × 연간
		원가 절감 활동 시 월 생산량 × (개선 전 단위당 재료비 – 개선 후 단위당 재료비) × 연간
	노무비	**부적합 감소 시 (부적합품을 재작업할 경우)** 월 생산량 × [〈개선 전 부적합품률(%) – 개선 후 부적합품률(%)〉 ÷ 100] × 부적합품 재작업 시간 × 1인당 평균 인건비(시간당 임률) × 연간
		작업 시간(S/T) 단축 시 월 생산량 × (개선 전 S/T – 개선 후 S/T) × 1인당 평균 인건비(시간당 임률) × 연간
		공수 감축 시 (개선 전 유실공수 – 개선 후 유실공수) × 1인당평균인건비 × 연간
	경비	**전력료 절감 시** (개선 전 월간 단위당 전력 사용량 – 개선 후 월간 단위당전력 사용량) × 단위당 가격 × 연간
		소모품 절감 시 (개선 전 월간 단위당 소모품 사용량 – 개선후 월간 단위당 소모품 사용량) × 개당 소모품 단가 × 연간
		설비 투자비 절감 시 (기존 투자비 – 실제 투자비) × (1/ 내용 연수) × 이자율
		금형 수정비 절감 시 [〈개선 전 금형 수리 비율(%) – 개선 후 금형 수리 비율(%) ÷ 100] × 개선 전 금형 수리비 *금형 수리 비율 = 해당 연도 제작 금형 수리비/해당 연도 제작 금형비
		물류비 절감 시 (개선 전 개당 물류비 – 개선 후 개당 물류비) × 연 판매 수량

Q66
　자사의 제안 활동 활성화를 위해 다른 기업들의 제안 추진 조직, 제안 처리 절차, 포상 내용을 알고 싶습니다.

A
　질문하신 사항 모두가 제안 활동 활성화에 있어서 중요한 항목들입니다.

　추진 조직에 있어서는 제안 제도의 정책 결정이나 심사를 위해 별도의 위원회를 두는 것이 필요합니다. 단지 소기업이라면 별도 위원회를 두기 보다는 기존에 실시하고 있는 관리자 회의를 위원회로 활용해도 무방합니다.

　제안 처리 절차에 있어서는 가능한 단계를 축소하는 것이 필요하며, 제안 내용의 평가에 있어서는 창의력과 유형효과란 2가지 관점에서 평가하면 됩니다.

　포상 제도 측면에서는 가능하면 다양한 포상 제도를 만들어 제안 제도 활성화의 수단으로 활용할 것을 권장합니다. 질문하신 추진 조직, 처리 절차, 평가 기준, 포상 제도 등에 대해 국내 기업에서서 실행되고 있는 방법을 다음 〈표〉에 소개해 드리니 참고하시기 바랍니다.

〈표〉 제안 제도 운영 사례 비교

구분	A사	B사	C사	D사
추진 조직	· 품질경영소위원회 · 주관 부서(품질 혁신팀) · 심사 부서 · 실시 부서 · 제안자	· 제안심사위원회 · 주관 팀(QM팀) · 실시 팀 · 제안자	· QM실무위원회 · 주관 부서(QM팀) · 각 부서 · 지도위원 · 리더 · 제안자	· 제안심사위원회 · 주관 팀(QM팀) · 실시 팀 · 제안자
처리 절차 (아이 디어 제안)	제안 작성 → 소속 부서 접수 → 심사 부서 검토 → 품질 경영추진위원회 최 종 판정 → 제안 실 시 → 포상 등급 결 정 및 포상 · 심의 결과 불복 시 재심 청구	제안 작성 → 소속 부서 제안 담당자 검토 → 실시 부서 검토 → 제안 실시 → 제안심의위원회 제안 등급 결정 → 포상 등급 결정 · 심의 결과 불복 시 재심 청구	제안 작성 → 소속 부서 제안 담당자 검토 → 심사 부서 1 차 검토 → 심사 부 서 2차 검토 → 5급 이상 제안은 담당 임원 최종 심사 → 제안 실시 → 포상 등급 결정 및 포상 · 심의 결과 불복 시 재심 청구(1회 로제한)	제안 작성 → 제안 부서 1차 심사 → 실시 부서 2차 심사 → 6급 이상 제안은 제안심사위원회 심 사 → 포상 등급 결 정 → 제안 실시 · 심의 결과 불복 시 재심 청구(1회 로제한)
평가 기준	· 효과(유형/무형) · 효과 지속성 · 독창성 · 연구 노력도 · 실시 내용	· 효과(유형/무형) · 지속성 · 독창성 · 연구 노력도 · 응용 범위	· 효과(유형/무형) · 참여도 · 독창성 · 연구 노력도 · 표준화 정도	· 효과(유형/무형) · 창의성 · 지속성 · 연구 노력도 · 표준화

구분	A사	B사	C사	D사
	·제안자 직급			·파급성 ·환경성
포상 제도	·실시상 ·마일리지상 ·최다 득점상 ·우수 제안상 ·우수 부서상	·접수상 ·아이디어상 ·등급별 포상	·등급별 포상 ·최고 득점자상 ·월례 발표회상 ·전사 발표회상 ·사외 발표회상 ·특별 포상 ·협력 업체 제안상	·참가상 ·아이디어상 ·우수 부서상 ·우수 제안자상 ·특별 포상
기타	·개선 제안과 과제 제안으로 구분 ·제안 목표 제시 ·협력 업체와 일용직 사원도 동일 대우 ·제안 업무 전산화 운영	·아이디어 제안과 실시 제안으로 구분 ·제안 목표 제시 ·사내 정식 직원만 해당 ·제안 업무 전산화 운영	·아이디어 PQ/실시 완료 PQ/그룹 PQ로 구분 ·제안 목표 제시 ·사내 정식 직원만 해당 ·제안 업무 전산화 운영	·아이디어 제안과 개선 제안으로 구분 ·제안 목표 제시 ·사내 정식 직원만 해당 ·제안 업무 전산화 운영 ·포상금은 제안자와 실시자가 나눔(50%)

Q67 유형 효과에 비해 분임조와 제안자 포상은 항상 적다고 말합니다. 이들에게 만족감을 줌으로써 개선 활동을 꾸준히 이끌어 나갈 수 있는 방법은 없을까요?

A 분임조 활동과 제안 활동의 추진 이념에 대해 다시 한 번 새겨 봐야 할 것 같군요.

두 활동 모두 궁극적으로는 개인의 창의력 개발에 목적이 있으며, 이런 목적 달성의 수단으로 분임조 활동과 제안 활동이 존재합니다. 즉 이런 개선활동을 통하여 자신의 능력이 개발된다고 생각을 해야지, 자신이 회사에 기여하고 있으니 적정한 대가를 지불해야 한다는 식으로 생각하면 안 된다는 것입니다.

필자가 여러 업체를 경험한 결과 인센티브 제도가 타사보다 좋다고 하여 제안이나 분임조 활동이 활성화되는 경우는 드물었습니다. 중요한 것은 그 회사 내 직원의 마음가짐이 평소에 문제 의식을 가지고 있느냐, 또는 그렇지 않느냐에 따라 분임조나 제안 같은 개선 활동이 활성화 될 수 있고 그렇지 않을 수도 있습니다.

이런 문제 의식과 분임조 활동과 제안 활동의 추진 이념을 직원들에게 인식시키기 위하여는 꾸준한 QM 교육이 필수적입니다.

PART
06

:

사후 관리

Q68 제안 내용을 적재적소에 확실하고 빠르게 파급할 수 있는 방안은 무엇입니까?

A 제안 주관 부서의 역할을 재고해야 합니다.

제안 접수 부서에서 검토, 실시, 포상, 사후 관리의 전 단계에 걸쳐 자사의 모든 제안을 관리하고, 어느 단계에서지연이 발생될 경우 그에 대한 원인 분석을 하여 제안자나 그에 관련된 부서에 현재의 지연사유와 사후 대책을 통보해야 합니다.

제안이 저조한 회사의 사원들을 대상으로 설문을 조사하면 가장 큰 이유가 '제안을 내도 개선되지 않는다'는 것입니다.

제안이 발생해 효과를 발휘하기까지는 앞에서 언급한 제안 처리 절차의 각 단계가 충실히 이행되어야 하며, 어느 한 부분에서라도 정체가 발생되면 그 다음의 제안들은 계속해서 정체가 발생하게 됩니다.

100개의 제안이 제출되기 보다는 1개의 제안이 실시되는 것이 제안 활성화의 포인트라 할 수 있죠.

따라서 요즘은 제안은 채택 단계에서보다 실시 후에 포상하는 회사가 많아지고 있습니다.

귀사 제안 주관 부서의 현 업무 수행 능력을 파악하여 적당한 조치를 취하시기 바랍니다.

Q69

채택된 제안이 다음과 같은 이유들로 실행되지 않고 있습니다. 해결책이 없을까요?

1. 기존 업무만으로도 벅차다.
2. 실행 시상금이 적다. 실행 품값도 되지 않는다. (작업자)
3. 제안에 대한 주 실행자가 사무직 직원이다 보니, 채택된 제안 처리가 턱없이 저조하고 지속적으로 쌓인다.
4. 평가자(부서장)가 제출한 제안은 누가 평가해야 하는가?, 부서장 제안은 시상에서 제외되나요?

A

여러 가지 문제로 고민이 많은 것 같습니다.

하지만 이렇게 문제를 고민하는 것이 많다는 것은 잘 되어 간다는 징조이니 심기일전하시기 바랍니다. 사실 진짜 문제가 많은 회사는 고민조차 하지 않기 때문이죠.

첫째, 기존 업무만으로 벅차다는 직원들의 이유는 사고의 전환이 필요한 사항입니다. 업무가 바쁘다는 것은 어느 기업이나 마찬가지 상황입니다.

그런 여건에서도 제안 활동을 업무의 일환으로 생각한다면 제안이 잘 되는 것이고, 남는 시간에 제안을 해야겠다는 생각을 한다면 제안서 한 장 쓰기가 철야 근무보다 더 힘들게 느껴지는 것입니다.

둘째, 제안 시상금이 적다는 것이 정확히 어느 정도 수준을 가지고 이야기하는 것인지 모르지만, 제조 원가에 산정되는 작업자의 인건비와 비교하면 큰 오산입니다.

제안 제도란 자신의 노동의 대가는 급여를 통하여 보상을 받는 것이 원칙이되, 제안 활동의 시상금은 노동의 대가를 100% 돈으로 계산해 준다기보다는 격려 차원의 보상이라고 생각하는 것이 옳습니다. 반면 귀사의 제안 상금 수준을 동종사와 비교해 보는 것도 권장하고 싶습니다.

셋째, 제안 처리가 늦는 이유는 아마 귀사의 제안 제도 유형이 아이디어 제안 위주의 활동이 아닌가 생각합니다. 아이디어 제안의 대부분이 제안자와 실시자가 상이하게 되는 경우이지요. 이 경우도 첫째 질문의 답변과 유사한 답변이 될 것 같으며 추가한다면 소속 부서장이 직원들의 미처리 제안을 주간 회의 시마다 체크를 하게 되면 처리율은 상당히 높아질 수 있습니다.

또한 제안자 입장에서는 제안 제도의 유형을 실시 제안 위주로 전환하여 주로 본인의 업무를 스스로 개선한 후에 효과가 있는 사항에 대하여 제안을 한다면 실시자의 지연이란 단어는 거의 사라질 수 있습니다.

제안 활동 초기 단계에서는 아이디어 제안이 주류를 이

루지만, 어느 정도 성숙 단계에 이르면 실시 제안의 비중을 높여가는 것이 바람직합니다.

마지막으로 부서장의 제안도 일반 사원들의 제안과 동일하게 처리를 해야 합니다. 부서장이 제출한 제안을 실시할 부서에서 평가를 하는 것인데, 만약 부서장 본인이 평가를 해야 하는 경우라면 부서장의 차상위자가 평가를 할 수 있도록 조정해야 합니다.

Q70 다량의 제안에 비해서 채택률이 턱없이 낮게 나오고 있습니다. 채택률을 높이는 방법은 없을까요?

A 두 가지 방향으로 생각해 볼 수 있겠습니다.

첫째는 제안 작성자에 대한 문제입니다,

대부분의 제안 작성자가 제안과 건의 사항을 혼동하는 경우가 많습니다.

예를 들어 '화장실이 더러우니 깨끗하게 사용하자', '작업장 정리·정돈을 잘하자', '식당의 국이 짜니 싱겁게 해 달라'등의 불편 사항이나 개선 요구 사항에 대한 기술만으로는 제안이 될 수 없습니다.

화장실을 깨끗하게 사용하게 하려면 어떤 방법을 시행하면 되는지를 구체적으로 제시하여, 바로 실시가 가능하게 하는 것이 비로소 제안입니다.

즉 어떤 상황에 대하여 문제점을 지적하는 데서 그치지

말고 문제점을 해결하기 위한 방법을 자세하게 기술하는 것이 진정한 제안인 것입니다.

둘째는 제안 검토자에 대한 문제입니다.

개선 수단이 아무리 구체적으로 기재된 제안서라도 제안을 실시해야 하는 담당자가 자기 일이 많아진다는 부담감에 어떤 이유를 달아 불채택시키는 경우도 있습니다.

이럴 경우에는 QM사무국 제안 담당자가 불채택 제안에 대하여 다시 한 번 불채택 사유의 타당성을 재확인하는 조치가 필요합니다.

또한 제안 검토자에게 불채택 사유를 좀 더 명확하고 자세하게 기록하도록 교육시킬 필요도 있습니다. 제안자가 불채택 사유에 대하여 수긍하기 어려울 때에는 '제안 재검토 의뢰서' 등을 사용하여 이미 검토된 제안을 재검토하는 제도를 활용하는 방법도 있습니다.

공장 제안 담당자로서 한 가지 질문하겠습니다. 사무실(현장 포함)에서 매 월 1회씩 제안(성과 · 고안)을 구분해서 운영합니다만, 한 사람이 너무 많은 제안을 하는 경우가 있습니다. 참여율보다는 건수 위주로 하려고 하는데, 어떻게 처리해야 할지를 모르겠습니다. 이에 대한 대처 방안이 없을까요?

A 제안을 관리하는 방법을 크게 두 가지로 구분하면 양(量)을 관리하는 방법과 질(質)을 관리하는 방법이 있습니다.

양을 관리하는 경우는 대부분 제안 제도 도입의 초기 단계에서 중점 관리할 필요가 있으며, 이는 제안 작성을 습관화시키는 데 목적이 있기 때문에 내용이야 어떻든 모두가 참여하는데 의의를 두어야 합니다.

또한 목표도 '인당 월 ○건' 또는 '년 ○건' 등으로 하여 목표 대비 실적을 관리해야 합니다.

귀사는 양적으로는 한 사람이 제안을 많이 내고 있기 때문에 양적인 목표 관리로는 이를 제어할 수 없습니다. 따라서 질적인 목표를 관리하기 위한 채택률 관리를 해야 합니다.

다량의 질 낮은 제안보다 소량의 질 높은 제안을 관리하는 것이지요.

물론 제출된 많은 제안이 모두 질 높은 제안이라면 이것도 적합한 대책이 되질 못하겠지만 제안 건수가 많아질수록 질은 높아지기가 어려운 것이 일반적인 현상입니다. 만약 그래도 채택률이 하향되지 않는다면 등급 제안 관리 방식을 도입할 수도 있습니다.

제안 목표를 '○급 이상, 제안 월 ○건' 또는 '년 ○건'으로 하는 것입니다.

또는 참여율을 중점 관리 목표로 해도 되겠지만, 제안 건수나 채택률을 무시하고 참여율을 집중 관리한다는 것은 '이 한 마리 잡기 위하여 초가삼간을 태우는 것'과 다를 바가 없습니다.

PART
07

아이디어 발상 기법

Q72 창의력이란 무엇인가요?

A 창의력이란 아이디어에 대한 유창성(fluency), 유연성(flexibility), 독창성(originality), 구체성(elaboration)이라고 학문적으로는 이야기하고 있지만, 필자의 생각은 간단하게 말해 창의력은 '다르게 보는 눈의 크기'라고 생각합니다.

동일한 사물을 보고 다르게 생각할 수 있는 능력이 바로 창의력인 것이지요.

여러분도 다르게 보는 눈이 있을 것이니 이를 실험해 보기로 하지요

〈그림 1〉이 무엇으로 보입니까?

〈그림 1〉 인물화

어떤 이는 '소녀의 뒷모습'으로 보았을 것이고, 어떤 사람은 '마귀 할멈의 옆모습'으로 보았을 것입니다. 그렇다고 어느 것이 맞고 어느 것은 틀리다는 것은 없습니다.

단지 동일한 사물을 다르게 볼 수 있다는 것이 모두 아이디어인 것이기 때문이지요. 〈그림 1〉을 분해하여 다시 보면 그림이 좀 더 명확해질 수 있습니다.

소녀의 뒷모습은 〈그림 2〉와 같이 분해하였을 경우에는 소녀의 옆모습으로 보일 수 있고, 〈그림 3〉과 같이 분해해 보면 마귀 할멈의 옆모습으로 보일 수도 있습니다.

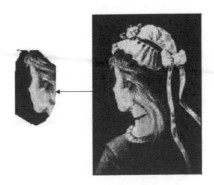

〈그림 2〉 소녀의 옆모습

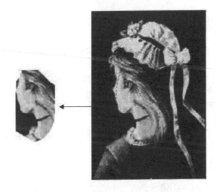

〈그림 3〉 마귀 할멈의 옆모습

이 두 가지 모두가 정답일 수 있습니다.

즉 창의력이란 어떤 사물이나 현상을 보고 다르게 생각
하는 힘이 얼마나 있느냐에 따른 것입니다.

Q73 아이디어 발상을 잘 할 수 있는 방법을 알고 싶습니다.

A 아이디어란 현대 사회에서 개인이나 기업의 경쟁력에 없어서는 안 될 중요한 요소로 자리 잡고 있습니다. 개인의 아이디어가 제품과 결합되어 신상품이 개발되고, 신상품을 통하여 기업은 신규 시장을 개척하여 기업의 영속성을 유지한다고 볼 수 있지요.

그럼 이렇게 개인이나 기업에서 중요한 요소인 아이디어란 과연 어떤 것일까요?

아이디어란 것에 대해 정의를 내리고 싶어 사전적 의미를 찾아보았습니다.

사전에서 아이디어란 '어떤 일에 대한 착상이나 구상'이라고 해석되어 있습니다. 그럼 '착상'은 무엇이고 '구상'이란 무엇일까요?

착상(着想)이란 '어떤 일이나 창작의 실마리가 될 만한 생각'이며, 구상(構想)이란 '장차 창작하고자 하는 작품을 그 내용과 짜임새, 형식 등에 있어서 어떤 식으로 완성할 것인가를 구체적으로 궁리하는 것'이라고 되어 있습니다.

또 고안은 무엇이고, 창작은 무엇인지를 찾아보았습니다.

고안(考案)이란 '새로운 물건이나 아이디어 등을 연구하여 생각해 내는 것' 이고, 창작(創作)이란 '새로운 것을 처음으로 만드는 것'으로 되어 있습니다.

말꼬리를 잡아 계속 사전적 풀이를 하다보면 어디에선가 귀결점이 있을 것 같았지만, 단어 풀이가 다른 단어를 탄생시키고 또 그 단어를 풀이하면 또 다른 단어를 풀이해야 합니다.

어찌 보면 의미를 명확히 해석하려는 것은 오히려 원래의 의미를 곡해시킬 수 있을 것 같아 필자 나름대로 정의해 보았습니다.

'아이디어 발상'이란 '새로운 것을 생각해 내는 것'이라고 쉽게 생각하기로 했습니다.

이제 아이디어 발상에 대한 정의는 되었으나, 중요한 것은 어떻게 아이디어 발상을 쉽게 할 수 있느냐가 관건인 것 같습니다.

아이디어란 사람의 마음이 편안한 상태에서 많이 도출됩니다.

편안한 마음은 결국 뇌와 연결되지 않을 수가 없으며 뇌는 뇌파에 의해 좌우되고 있습니다.

일반적으로 인간의 뇌파는 다음 〈표〉와 같이 분류할 수 있습니다.

〈표〉 뇌파

파명	주파수	상태	비고
β(베타) 파	13Hz 이상	외부 의식	평상시
α(알파) 파	8Hz 이상	내부 의식	정신 집중 상태
θ(세타) 파	4Hz 이상	깊은 내부 의식	
δ(델타) 파	4Hz 미만	무의식	인간 본성 세계로 몰입 상태

뇌파의 특징은 일반적으로 뇌파가 낮아질수록 사람의 집중력은 높아지고 창조력 발생이 왕성해집니다.

반대로 뇌파가 높아지면 마음이 혼란스러워지고 집중력 또한 떨어지게 됩니다. 따라서 아이디어 발상을 잘 하기 위해서 편안한 심적 상태를 유지해야 합니다.

잠을 잘 때에 뇌파는 4Hz ~ 8Hz 정도로 낮아져 자신도 생각하지 못한 희한한 사고가 나타나게 됩니다. 그렇다고 직장 생활을 하면서 잠을 잘 수는 없는 일이고, 단지 일을 열심히 하는 도중보다는 잠시 휴식을 취할 때를 활용하여 아이디어 발상을 하면 좋은 아이디어가 떠오를 수 있으므로, 이를 적극적으로 활용할 것을 권장하고 싶습니다.

아니면 퇴근 후 책상 앞에 앉아 조용히 생각을 하다보면 좋은 아이디어가 발상될 수 있습니다. 창작을 본업으로 하는 음악가, 미술가, 소설가들이 여행을 자주하거나 밤에 작업을 하는 이유도 바로 이런 이유라고 볼 수 있습니다.

Q74 아이디어 발상을 잘 하고 싶은데 직장에서는 머리만 아프고 잘 떠오르지가 않습니다. 아이디어 발상을 잘 할 수 있는 장소가 있을까요?

A 글쎄요, 장소도 중요하지만 우선적으로 마음이 편안해져야 아이디어 발상은 잘 됩니다.

사실 업무를 하는 사무실이나 작업장에서는 아이디어가 잘 떠오르기 어렵습니다. 왜냐하면 아이디어(창의력)는 인간의 뇌가 편안한 상태에 있을 때 가장 활성화되기 때문입니다. 따라서 아이디어 발상을 하기 위해서는 편안한 장소에 있어야 합니다. 일반적으로 아이디어가 가장 잘 떠오르는 편안한 장소를 3군데 추천해 드리겠습니다.

첫 번째 장소는 잠자리입니다.

한 가지 주제(또는 문제)에 대해 골똘히 생각하다 보면 그것이 꿈속에서도 나타날 때가 있습니다. 그리고 꿈속에서 문제 해결의 실마리를 찾게 되기도 합니다. 특히 잠들

무렵이나 잠에서 막 깨어날 때 어떤 좋은 아이디어가 떠오르는 경험을 많은 사람들이 해봤을 것입니다. 따라서 잠자리 머리맡이나 손이 닿을 수 있는 곳에 항상 메모지와 쓸 기 도구, 그리고 전기 스탠드를 준비해 두는 것이 좋습니다. 그래야 머릿속에 생각이 떠오를 때 바로 적을 수 있기 때문이죠.

창조의 순간이나 순간적으로 떠오른 영감은 오래 기억되지 않기 때문에 갑자기 떠오른 생각들은 될 수 있는 한 생각이 떠오르는 즉시 기록해 두는 것이 좋습니다.

두 번째 장소는 해우소(解憂所), 즉 화장실입니다.

화장실에 있을 때는 의식적인 노력이 없는 상태, 마음이 텅 비워지는 상태가 되기 때문입니다. 특히 샤워를 하거나 뜨거운 목욕물에 몸을 담그고 있을 때 우리 몸과 마음의 상태는 상당히 편안해집니다. 이럴 때일수록 아이디어가 잘 떠오르게 됩니다.

우리 선조들이 화장실을 아이디어가 가장 잘 떠오르는 최고의 장소로 꼽은 데에는 다 이유가 있습니다. 화장실은 마음의 여유를 갖고 휴식을 취하면서 다양한 생각을 떠올리고 정리할 수 있는 좋은 곳입니다.

세 번째 장소는 차 안입니다.

직접 운전하는 경우 말고, 택시나 버스, 기차 안과 같이 편안하게 앉아 창밖으로 스쳐 지나가는 풍경을 보다가 문득 기발한 아이디어가 떠오르는 경험을 누구나 한 번쯤 해봤을 것입니다.

이외에도 창조적 아이디어로 작업하는 사람들의 말을 빌려보면 어떤 화가는 화실이 아니라 농장에서 젖소의 젖을 짜고 있을 때, 어떤 과학자는 혼자서 점심을 먹을 때, 어떤 소설가는 산보 중에 또는 욕실에서 수염을 깎고 있을 때 좋은 아이디어가 떠올랐다고 말합니다.

즉, 아이디어는 억지로 짜내려고 해서 나오는 것이 아니라 개인이 최고로 편안한 상태에 있을 때 최고의 아이디어가 떠오르는 경우가 많다는 것이죠. 단, 한 가지 잊지 말아야 할 것은 아이디어를 얻기 위해서는 평소에 항상 문제 의식을 지니고 있어야 한다는 것입니다. 문제 의식도 없는 상태에서 아이디어는 결코 나오지 않게 되는 것이죠.

Q75 현장에서 많이 활용되고 있는 아이디어 발상 기법들에 대해 소개해 주세요.

A 아이디어 발상 기법은 여러 종류가 개발되어 있으나 이것들은 기본적으로 아이디어 발상을 도와줄 뿐이지, 이것만을 가지고 아이디어를 찾아내려고 하면 무척 힘이 듭니다.

아이디어 발상 기법을 활용하기 전에 우선 문제 의식을 가져야 합니다.

회사 업무나 공정, 제품 등을 볼 때 문제 의식을 갖고 보는 것이 우선 선결되어야 하며, 문제점이 있다고 생각이 들 때 지금 소개해 드리는 각종 아이디어 발상 기법을 활용하여 구체적인 대안을 만들어 나가는 것입니다.

이 과정에서도 여러 가지 기법이 있지만 필자가 권장 드리고 싶은 기법은 오스본의 체크리스트와 브레인스토밍 기법입니다.

가장 쉬우면서 아이디어 발상이 많이 되는 기법이지요.

이러한 아이디어 발상 기법의 좀 더 자세한 실시 방법을 위해서는 관련 서적을 참고하시기 바랍니다.

국내에 많이 소개되어 있는 아이디어 발상 기법을 간략하게 소개하면 다음 〈표〉와 같습니다.

〈표〉 아이디어 발상 기법

	기 법 명	발상 방법
1	브레인스토밍 (BS)	1) 비판 금지 2) 많이 발언 3) 자유로운 분위기 조성 4) 타인 의견에 편승
2	브레인라이팅 (BW)	BS와 같으나 아이디어를 각자 카드에 기재하는 기법
3	결점열거법 (희망점열거법)	결점(희망 사항)을 조사하여 개선안을 도출하는 기법
4	입출법(入出法)	현상을 입력, 개선 결과를 출력으로하여 입·출 사이의 매개체를 찾아내는 기법
5	속성열거법 (특성열거법)	사물을 구성하고 있는 요소나 성질을 하나하나 열거하여 개선 아이디어를 찾는 기법
6	(오스본)	체크 항목을 미리 설정하여 활용하는 기법

기 법 명		발상 방법
	체크리스트법	• 달리 용도는? • 모양, 색깔, 위치를 바꾸면? • 확대하면? • 바꾸어 넣으면? • 대용할 수 있는 것은? • 축소하면? • 서로 짝지어 보면? • 거꾸로 본다면? • 길게 하면? • 얇게 하면?
7	카탈로그법	이 방법은 주로 개인이 분명한 목적 의식을 갖고 도형, 사진, 광고, 카탈로그, 문서 등을 보면서 아이디어 발상을 기대하는 것이다. 다시 말해 두뇌의 휴식, 자극 놀이라고 할 수 있다.
8	초점법 (焦點法)	이 초점법도 강제 연상을 이용하는 방법으로 입출법과 비슷하다. 다만, 입출법은 강제 연상의 출발점과 도달점이 처음부터 정해져 있는데 비해 이 초점법은 도달점만이 정해져 있다. 가령 소음이 없는 자동차의 개발을 도달점으로 하는 경우, 무슨 내용으로부터 시작하든 상관없다. 오직 소음이 없는 자동차에만 연결되면 된다.
9	시네틱스 (synectics)법	이 발상법도 1944년경 고든이 처음 시작한 것으로 2개 이상의 것을 결합하거나 합성한다는 의

기 법 명	발상 방법
	미의 그리스어 synthesis에서 유래된 것이다. 따라서 이 방법은 유사한 것에서 발상하는 것으로 의인적 유비(擬人的類比), 상징적 유비, 공상적 유비, 직접적 유비 같은 4가지 방법으로 쓰여진다. 가령 담배갑의 오프닝 테이프도 완두콩의 꼬투리에서 유비된 사례이다.
10 고든법	이 발상법은 미국의 고든(William J. Gordon)에 의해서 고안된 것이다. 이 방법은 브레인스토밍과 마찬가지로 집단으로 발상하여 나아가는 것인데 규칙 4가지도 마찬가지이다. 다만, BS법은 테마가 구체적으로 제시되어 실시하는데 비해 이 고든법은 키워드(핵심 단어)만 제시된다. 해결해야 할 과제는 사회자만이 알고 실시한다. 가령 면도기의 신제품 개발을 위한 발상인 경우 테마를 '깎는다'로만 제시하고 진행한다. 이런 경우 참가자들로부터 '깎는 것'과 관련된 다양한 발언들이 튀어나온다. 물론 면도기와 관련된 '깎는다'는 것은 전혀 모르는 상태이다. 따라서 때로는 의외의 기발한 표현들이 나올 수 있다.

Q76 아이디어 발상법 중 브레인스토밍의 4대 원칙에 대해 정확히 알고 싶습니다.

A 이 기법은 1940년대 미국의 광고업자 알렉스 오스본(A. F. Osbone)이 집단의 힘을 활용해 문제를 해결하기 위해 개발한 아이디어 도출을 위한 회의 기법입니다.

오스본(Alex. F. Osbone)

1953년 그의 저서 《Applied Imagination : Principles and Procedures of Creative Problem Solving》에 소개되면서 널리 활용되기 시작했으며, 이 기법은 상의하달(上意下達)에 익숙해진 고정관념을 탈피하고, 하의상달(下意上達) 원칙에 따라 자주적인 창의력 발상을 유도하는 것이 특징입니다.

오스본이 제시한 브레인스토밍의 4대 원칙은 다음과 같습니다.

첫째, 타인의 의견을 비판하지 않습니다.

사람은 모두 저마다의 생각이 다를 수 있으므로 자기와 생각이 다르다고 해서 그 의견을 무시하면 안 된다는 의미입니다.

둘째, 많이 발언합니다.

머릿속에 떠오르는 생각을 바로 발언하라는 의미입니다. 떠오른 생각을 이리저리 혼자서 따져보고 '다른 사람들은 어떻게 생각할까'라는 상상까지 해서 발언하다 보면 획기적인 아이디어가 나오지 않기 때문에 떠오르는 생각을 주저없이 이야기하라는 뜻입니다

셋째, 자유로운(자유 분방) 분위기를 조성합니다.

아이디어는 뇌파가 낮은 상태에서 활성화되기 때문에 부드러운 분위기를 조성하여 참가자 모두가 마음이 편해지도록 해야 한다는 의미입니다. 마음이 편해지면 아이디어 발상이 활성화되기 때문입니다.

넷째, 타인의 의견에 편승(便乘)하여 새로운 아이디어를 제시합니다.

다른 사람이 낸 아이디어를 조금 각색해서 유사한 아이디어를 추가적으로 제출하라는 의미입니다. 누군가 빨간색을 얘기했다면 파란색을 얘기한다거나, 누군가가 사각형을 얘기했다면 삼각형을 얘기하는 방법입니다.

브레인스토밍은 한마디로 '양에서 질을 추구'하는 기법으로, 무조건 많이 이야기함으로써 획기적인 새로운 아이디어를 찾아내는 기법입니다.

인간은 똑같은 사물이나 상황을 보고 똑같은 또는 공통적인 생각을 하기도 하지만 그만큼 또 다르게 생각하는 부분도 많습니다. 따라서 같지만 같지 않은 여러 사람의 생각들을 종합하고, 종합한 것을 또 다시 확장시키다 보면 자신이 생각하지 못했던 다양한 사실이나 아이디어를 발견할 수가 있게 된다는 원리이지요.

Q77 모든 활동에서 토의할 때 브레인스토밍을 하라고 하는데, 4대 원칙의 정확한 내용과 추진 방법을 상세히 알고 싶습니다.

A 브레인스토밍이란 1941년 'BBDO 광고 대리점'에 근무하던 알렉스 F. 오스본이 광고 아이디어를 원활하게 도출하기 위하여 창안한 기법으로 원어는 브레인 스톰(brain storm), 즉 '두뇌 폭풍'으로 아이디어 발상 시에는 아무것도 사고의 제한을 두지 말고 있는 그대로를 발설하라는 뜻이며, 이에 대한 원래 뜻은 의학 용어로 '정신병 환자의 두뇌 착란 상태'를 나타냅니다.

이것이 품질 관리 기법으로 발전하여 4가지 원칙으로 정립되어 이것을 브레인스토밍 4원칙이라고도 합니다.

이것은 개인의 사고보다는 집단 사고의 장점을 이용하여 양(量)에서 질(質)을 구하는 기법이라고 볼 수 있습니다.

이에 대한 진행 방법을 요약하면 다음 〈표〉와 같습니다.

〈표〉 브레인스토밍 원리

구 분	내 용	비 고
1. 창안자	알렉스 F. 오스본	BBDO 광고 대리점 직원
2. 발상원	집단	stormer
3. 어원	정신 병자의 두뇌 착란 상태	
4. 규칙 (4원칙)	① 비판 금지 (타인의 발언에 대해 좋든 나쁘든 비판을 금지) ② 많이 발언 (생각나는대로 무조건 발언) ③ 자유로운 분위기 조성 (유모러스 하고 화기애애한 분위기 조성) ④ 타인 의견 편승 (타인 의견에 자기 의견을 덧붙이거나 지금까지 나온 여러 가지 의견을 조합하여 발언)	• 선택 문제 금지 • 구체적 문제 제시 필요
5. 적정 인원	12명 • 리더 1 • 서기 1 • 스토머 10(정규 5, 게스트 5)	• 정규 (아이디어맨) • 게스트 (분야 전문가)
6. 회의 시간	15분 ~ 60분	최대 400건 정도의 아이디어 발굴 가능

구　분	내　　용	비　고
7. 기타	• 손을 든 순서대로 발언 • 리더는 전원 발언을 유도 　(필요 시 지명 발언) • 리더는 원칙적으로 발언하지 않으나 　스토머들의 발언이 너무 없으면 분위 　기 조성을 위해 발언 • 서기는 발언된 아이디어를 벽면 종이 　에 번호를 붙여 기재(크게 쓴다, 간결 　하게 쓴다) • 가능하면 오전중 회의(맑은 머리) • 스토머들에게 미리 메모지를 나누어 　주어 자기의 아이디어를 기재한 후 발 　언하도록 유도	필요시 레코더를 사용하여 녹음을 실시할 수도 있 음

브레인라이팅이란 것도 있다는데 어떤 것인지 요?

A 브레인라이팅(brain writing)은 브레인스토밍을 참고하여 독일의 호리겔(Holliger)이라는 형태분석법 전문가가 개발한 기법으로, 개개인 각자가 생각하고 있는 아이디어를 아이디어 카드에 적어 제출해 아이디어를 도출하는 방법입니다.

이 기법은 브레인스토밍의 단점을 보완하기 위해 개발됐는데 앞서 말했듯이 브레인스토밍은 자칫 목소리가 큰 사람이나 발언을 많이 하는 사람들 중심으로 회의가 진행될 가능성이 큽니다.

바꾸어 말하면, 발언이 적은 사람이나 내성적이거나 소극적인 사람은 자신의 의견을 충분히 이야기하기가 어렵게 됩니다. 이들은 어쩌면 오히려 목소리가 큰 사람, 말이 많은 사람들보다 더 좋은, 또는 더 독특하고 새로운 아이디어를 많이 가지고 있을 수도 있습니다. 이런 사람들에게 발언의 기회를 주기 위한 기법이 바로 브레인라이팅이며, 그래서 이 기법을 '침묵의 브레인스토밍'이라고 합니다.

브레인라이팅은 초기에는 '6-3-5법'이라고 했는데, 이 숫자의 의미는 6은 6명의 참가자를, 3은 3개씩 아이디어를, 5는 5분마다 차례로 아이디어를 생각해 낸다는 것을 의미합니다.

브레인라이팅은 소그룹 단위로 아이디어를 생각하는 기법인데, 이 기법의 최대 특징은 침묵 속에서 집단 사고를 진행시킨다는 것입니다. 두 번째 특징은 집단 사고를 하면서도 개인 사고의 장점을 최대한 살린다는 것입니다. 결국 아이디어를 내는 것은 개인의 머리에서 출발하기 때문입니다.

A 희망점열거법(hoping point listing)이란 어떤 사물이나 상황에서 바라는 사항을 찾아 열거하고, 이를 달성하기 위한 아이디어를 발상하는 방법입니다.

결점열거법과 비교해 본다면 반대되는 사고이지만 반드시 그런 것은 아닙니다. 결점열거법이란 어떤 사물이나 현상에 대해 문제점을 찾아 개선하는 것이지만, 희망점열거법은 결점이 아니더라도 어떤 현상이나 사물에 대해 더 좋은 방법이 없을까를 사고하는 방법으로 그 응용 범위가 무한합니다. 즉 자신이 바라는 모든 사항을 희망점열거법에 해당된다고 볼 수가 있습니다.

인간이 비행기를 통해 하늘을 날고 잠수함을 통해 바다 깊이 들어가는 것이 모두 다 희망점열거법을 실현한 사례라고 볼 수 있습니다. 여러분들도 자기 업무나 생활 주변에서 희망하는 모든 사항을 우선 열거해 보십시오. 열거하는 순간 개선이 눈앞에 보이게 될 것입니다.

〈사진 1〉 계란 노른자 분리개

요리를 하다 보면 흰자와 노른자를 분리해야 할 경우가 많이 있습니다. 일반적으로 계란을 깨어 그릇에 담은 후 수저로 노른자를 분리하는데 이를 좀 더 편하게 할 수 있도록 〈사진 1〉과 같은 노른자 분리개를 만들었습니다. 계란을 깨어 분리개에 놓으면 저절로 노른자만 남고 흰자는 밑으로 흘러내려 용이하게 노른자를 분리할 수 있습니다.

〈사진 2〉 다용도 병마개

1회용 병마개를 오픈한 후에 다시 닫아야 할 경우에 신문지나 휴지를 말아 쓰는 경우가 있습니다. 이때 내용물이 쏟아지지 않도록 종이 등으로 병마개를 만드는 것도 어렵지만 위생적으로도 불결하기 때문에 좋은 방법이 아닙니다. 이러한 문제를 해소하기 위해 다용도 병마개를 만들었습니다. 특히 아인일 겸우 코르크 마개를 오픈한 후에 다시 끼우기가 어렵기 때문에, 〈사진 2〉와 같은 병마개를 채워 놓으면 여러 번 오픈하더라도 문제없이 사용할 수 있습니다.

〈사진 3〉 코털깍이

　코털이 길게 자라면 볼썽사납기도 하지만 손쉽게 다듬
기도 어려워 누구나 그냥 지나치곤 합니다. 이를 해소하기
위해 〈사진 3〉과 같은 코털깎이를 만들었습니다. 이 도구의
윗부분을 콧구멍 안에 넣고 엄지와 검지로 밑부분을 잡아
누르면 윗부분이 회전하며 코털을 말끔하게 깎아냅니다.

Q80

결점열거법의 의미와 사례를 알려 주세요.

A 결점열거법(weak point listing)이란 어떤 사물이나 상황에서 부족한 점을 찾아 이를 개선하기 위한 아이디어를 발상하는 방법으로, 어떤 것에 문제점, 약점, 불편한 점 등이 무엇인지 찾아봄으로써 개선의 실마리를 잡기 위한 방법입니다.

예를 들어 칠판 지우개를 쉬는 시간마다 분필가루를 털어 내야 하는 불편 때문에 '칠판털이'가 발명되었으며, 칠판 지우개에서 먼지가 날리고 지우개 끈이 자주 끊어지는 결점이 있어 요즘에는 거의 화이트보드를 사용하고 있으며 화이트보드 지우개는 이런 단점을 보강하게 된 것입니다.

주변에 있는 사물을 보고 그것들의 단점이 무엇인가를 나열해 보면 눈에 보이지 않던 개선점이 나타날 것입니다.

〈사진 1〉 비누 거치용 세면대

호텔이나 모텔 등 공중 세면대를 사용하는 곳이면 흔히 겪을 수 있는 상황인데, 사용 후 비누를 세면대에 올려놓고 나중에 쓰려고 하면 비누가 물에 불어 사용이 어려울 정도입니다. 〈사진 1〉을 보면 이러한 결점을 없애기 위해 세면대 주위에 비누를 거치할 수 있는 홈을 파 이곳에 비누를 놓게 하고, 또 여기에서 세면대로 물이 흘러내릴 수 있는 홈을 내어 비누가 물에 불지 않고 건조함을 유지할 수 있도록 개조한 세면대입니다.

이 세면대는 필자가 멕시코에 출장을 갔을 때 머물렀던 시 호텔에서 이 아이디어를 착안한 것입니다.

〈사진 2〉 끝이 뾰족한 칼의 결점 제거

대부분의 사람들이 아무 생각 없이 칼을 사용하고 있지만, 자세히 살펴보면 칼끝이 뾰족한 것과 뭉툭한 것이 있습니다(〈사진 2〉). 끝이 뾰족한 칼은 사용자가 실수로 떨어뜨렸을 경우에 날카로운 칼끝이 사용자의 발등을 찍을 수 있어 매우 위험하지만, 끝이 뭉툭한 칼은 상대적으로 안전합니다.

〈사진 3〉 성인·어린이 겸용 변기 덮개

양변기가 대부분 성인에 맞추어 제작이 되다 보니 어린 이들은 체형이 작아 사용하기가 불편합니다. 이러한 결점을 제거하기 위하여 양변기 덮개를 〈사진 3〉과 같이 2가지 형태로 만들어 어린이가 사용할 때도 불편함이 없도록 결점을 개선하였습니다.

〈사진 4〉 가스픽

휴대용 부탄가스가 간편하고 사용은 편리하지만 한 가지 결점이 있습니다. 바로 폭발성 때문인데, 폐기시에 항상 가스통에 구멍을 내어 버리도록 되어 있으나 부탄가스

통에 구멍을 낸다는 것이 쉽지 않습니다.

이러한 결점을 해결하기 위해 손쉽게 구멍을 낼 수 있는 〈사진 4〉와 같은 '가스픽'이란 상품을 개발하였습니다.

가스를 모두 사용한 가스통을 가스픽에 넣고 가볍게 누르기만 하면 통에 구멍이 납니다. 이렇게 함으로써 부탄가스의 폭발 위험을 제거하였으며, 모기약, 무스 등 각종 폭발 위험이 있는 스프레이통에 구멍을 낼 수 있는 기능도 추가하였습니다.

Q81 오스본의 체크리스트에서 '다른 용도로 쓴다면?'에 대한 사례를 알려 주세요.

A '다른 용도로 쓴다면?'

이 질문은 '본래의 용도와 다르게 사용할 수는 없을까?' 하는 생각을 하는 방법입니다.

필자에게 가장 먼저 떠오르는 사례가 '타이어'입니다. 특히 폐타이어를 다른 용도로 활용함으로써 또 다른 부가가치를 발생시키고 있는 좋은 사례이지요.

요즈음 지구 전체가 '이산화탄소 배출량 최소화', '온실가스 감소', '녹색 경영' 등 친환경을 부르짖는 이때에, 폐타이어의 재활용은 선택이 아닌 필수 요소로 부각될 수 있으니 다양한 재활용 사례를 찾아볼까요.

〈사진 1〉 폐타이어 휴게실

폐타이어를 활용하여 휴게 공간을 꾸몄습니다.

타이어로 의자 등받이를 하고 반으로 잘라 의자를 만들고, 여러 갈래 조각을 내어 근사한 테이블도 만들었습니다. 폐타이어를 엮어 가림막도 만들었습니다.

〈사진 2〉 폐타이어 화분

폐타이어를 활용해 화분을 만든 사례입니다.

우리 생활 주변에서 이제는 흔히 볼 수 있는 광경이기도 합니다.

폐타이어 활용도 하고 도시 미화도 되고, 그야말로 일석이조가 아닐까요.

〈사진 3〉 폐타이어 놀이터

폐타이어 놀이터입니다.

타이어를 여러 개 엮어 어린아이들이 놀이 공간으로 활용할 수 있도록 꾸몄습니다.

타이어는 고무로 된 재질이라 신축성이 있어 어린아이들이 부딪혀도 다칠 위험이 없으므로 안전성까지도 확보할 수가 있습니다.

〈사진 4〉 폐타이어 슬리퍼

당장 끼니도 해결하기 힘든 후진국에서는 돈이 없어 신발도 신을 수 없는 경우가 많습니다.

이렇게 폐타이어를 잘라 엮어서 멋있는 슬리퍼를 만들어 주면 어떨까요? 돈도 안들겠지만 매우 질길 것 같은 느낌이 듭니다.

타이어를 다른 용도로 쓴 재미있는 사례이기도 합니다.

Q82 오스본의 체크리스트에서 '변형한다면?'에 대한 사례를 알려 주세요.

A '변형한다면?'

이 질문을 조금 풀어 써 보면 '어떤 것에 대해 형태, 색, 소리, 구조, 냄새 등을 새롭게 변화시킨다면?'으로 해석할 수 있습니다.

어찌 보면 모든 개선의 근본 사고이기도 합니다. 어떤 사물을 볼 때 이것이 최적인지를 생각하는 습관을 들이다 보면 개선 아이디어가 손쉽게 도출되는 반면에, '원래 그런거지...'라는 식으로 바라보면 개선은 아예 먼 이야기가 되고 말기 때문입니다.

개선이란 어떤 사물을 보는 다른 눈을 갖는 것이 무엇보다 중요한 요소입니다.

첫째, 구조나 형태를 변형한다면?

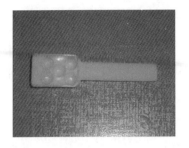

〈사진 1〉 변형된 수저

　필자는 매일 아침 O회사의 홍삼정을 복용하는데 1회 섭
취량이 5알로 되어 있습니다. 병마개를 열고 손바닥에 쏟
다 보면 부족하기도 하고 과하기도 한 경우가 다반사입니
다. 하지만 수저 부분의 모양을 〈사진 1〉과 같이 변형(알
약 크기에 맞게 5개 홈을 판다)하여 이를 이용하면 정확히
5알을 꺼낼 수 있습니다.

정면에서 본 형태　　　　　　측면에서 본 형태

〈사진 2〉 넥타이걸이 형태 변경

넥타이걸이를 옷장문과 평행하게 붙인 것이 아니라 〈사진 2〉와 같이 각도를 주어 붙임으로써 넥타이를 여러 개 걸어도 넥타이 간에 엉킴이 적어져 꺼내기에 편리하고 넥타이도 더 많이 걸어 놓을 수 있습니다.

개선 전 옷걸이   개선 후 옷걸이

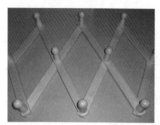 

〈사진 3-1〉 옷걸이 형태 변경

개선 후 옷걸이 부분 확대

〈사진 3-2〉

흔히 집에서 많이 볼 수 있는 접이식 옷걸이입니다.

하지만 옷이 조금만 비뚜로 걸리면 바로 바닥으로 떨어지곤 합니다. 어떤 경우에는 제대로 걸어두었지만 옆의 옷을 꺼내려다 조금의 흔들림만 생겨도 바닥으로 떨어지기 일쑤입니다.

이러한 불편함을 없애기 위해 옷이 걸리는 부분에 〈사진 3-2〉와 같이 요철 모양의 플라스틱 사출물을 씌워 옷을 아무렇게나 걸어도 떨어지지 않도록 보완했습니다

Q83 오스본의 체크리스트에서 '확대한다면?'에 대한 사례를 알려 주세요.

A '확대한다면?'

이 질문은 크게 2가지로 구분해 볼 수 있습니다.

첫째는 크기나 형상을 확대한다는 의미

둘째는 기능이나 성능을 확대한다는 의미

크기나 형상을 확대하는 경우란 단순하면서도 많이 활용할 수 있는 질문이기도 합니다. 어떤 사물을 확대해 보았을 때 어떠한 변화가 일어나며, 그 변화가 어떠한 새로운 가치를 우리에게 전해 줄 수 있는가를 생각해 보는 것입니다.

가장 쉬운 예로 짜장면을 '곱빼기'로 판다거나 마트에서 상품을 여러 개 묶음 단위로 하여 싸게 파는 것입니다. 그 양은 2배 이상으로 증가하는 반면에 가격은 그 이하가 되기 때문에 새로운 효용 가치가 발생하게 되는 것입니다. 즉 대량 생산이나 판매를 통하여 가격(원가)을 절감할 수 있는 원리이지요.

〈사진 1〉 초대형 전자계산기

〈사진 1〉은 크기를 대형화한 계산기입니다.

일반 계산기에 비해 10배 이상을 크게 함으로써 계산기를 자주 쓰는 점포나 사무실 벽면에 부착해 필요할 때 손쉽게 계산할 수 있도록 하였습니다.

물론 시력이 약한 노년층에서 사용하기에도 무난할 것 같습니다. 요즈음 모든 상품의 사이즈가 소형화되어 가는 추세에서 이를 역행하여 새로운 부가 가치를 추구한 사례입니다.

〈사진 2〉는 일반 라이터보다 길이와 두께가 굵어 라이터 가스 주입량이 10배 이상 더 들어가는 라이터입니다.

〈사진 2〉 대형 라이터

요즘 가스 충진 가능 1회용 라이터가 판매되고 있으나, 실제 사용하다 보면 가스를 별도로 구입해야 하는 번거로움과 가스 주입 시에도 가스주입구 작동이 잘 되지 않아 가스가 누설되기 일쑤입니다.

이 라이터는 재충진의 걱정 없이 오래도록 쓸 수 있는 장점이 있습니다. 애연가나 라이터를 자주 사용하는 사람에게 1년 내내 라이터 걱정을 없애 줄 것 같습니다.

〈사진 3〉 대형 손목시계

〈사진 3〉은 손목시계를 초대형화하여 시계탑 크기로 제작한 것입니다.

물론 사람이 착용할 수는 없고 멀리서 시계를 볼 수 있도록 하였습니다.

기존 손목시계 모양의 구조로 되어 있어 보는 사람마다 새로운 흥미를 자극할 수 있는 좋은 아이디어라 볼 수 있으며, 광고용 시계로 적합할 것 같습니다.

〈사진 4〉 휴지걸이

〈사진 4〉는 휴지걸이의 기능을 확대한 사례입니다.

휴지걸이가 한 개일 경우, 휴지의 양이 얼마 되지 않을 경우에는 이를 갈아 끼우기도 애매하고 그렇다고 딱 휴지가 떨어지는 시간을 알 수도 없고(특히 공중화장실의 경우) 하여 재수 없는 사람은 대변 후 휴지가 없는 낭패를 당하기도 합니다.

이런 때를 대비하여 휴지걸이를 2개로 확장함으로써 이는 완전히 해결될 수 있습니다.

한 개의 휴지걸이에 휴지가 없더라도 다음 휴지가 떨어지기 전까지 아무 때나 휴지를 채워 놓으면 되니 관리하기도 편하고 사람의 손(공수)도 한층 감소시킬 수 있습니다.

〈사진 5〉 선풍기 날개

여름이 되면 창고에 있던 선풍기를 꺼내어 매년 사용하지만 선풍기의 날개가 몇 개인지는 유심히 보지 않았을 것입니다.

〈사진 5〉는 바람을 일으키는 날개의 기능 확대를 위하여 날개의 수를 3개에서 5개로 확장한 사례입니다.

Q84 오스본의 체크리스트에서 '축소한다면?'에 대한 사례를 알려 주세요.

A '축소한다면?'

요즘처럼 다기능의 첨단 시대에 그야말로 딱 들어 맞는 콘셉트인 것 같습니다.

최근의 모든 개발 사고는 그야말로 얼마나 많은 기능을 얼마나 작은 구조에 집약할 수 있느냐에 따라 상품성의 사활이 달려 있기 때문입니다.

1980년대만 해도 컴퓨터 기능은 별도의 전산실에서만 수행할 수 있는 것으로 한정되어 있었습니다. 필자의 기억으로는 그 당시의 컴퓨터 본체가 캐비넷만한 크기였고 보조 기억 장치도 64메가바이트를 저장하려면 LP 레코드판 10장 정도가 내장된 드라이버가 책상 사물함만한 크기로 설치되어 있었습니다.

하지만 지금은 64메가바이트의 1,000배 아니 2,000배 만한 용량의 외장 하드 디스크가 USB로 개발되어 약지손 가락만한 크기입니다. 이것이야말로 크기를 축소한 획기 적인 사례이기도 합니다.

컴퓨터 본체 역시 그 당시의 전산실에 있던 거대한 크기 가 지금은 책상 위에 노트북 정도로 충분히 그 기능을 실 현하고 있습니다.

이는 앞으로도 계속 진화할 것이며, 그 결과는 아무도 예측할 수 없을 정도로 빠르고 획기적일 것입니다.

이외에도 오스본의 체크리스트에서는 '더 가볍게 하 면?', '더 압축한다면?', '좀 더 낮춘다면?', '무엇인가 제거 한다면?' 등의 많은 응용 질문을 할 수 있습니다.

〈사진 1〉 1인용 자동차

요즘처럼 자동차가 많은 시대에는 길이 온통 자동차에 밀려 때에 따라서는 자동차를 타고 가는 것보다 걸어 가는 것이 빠른 경우도 있습니다.

이럴 때 〈사진 1〉과 같은 1인용 초소형 자동차를 타고 다닌다면 어떤 상황이 벌어질까요? 차 사이로 빠져나갈 수도 있고 주차 시에도 공간의 제약이 없어 활동성이 좋아지겠지요.

어디 이뿐인가요. 기름값도 일반 5인용 승용차의 20% 정도로 절약되어 친환경인 측면에서도 좋을 것 같습니다. 실제로 도요타자동차의 신제품 자동차를 보면 1인용 자동차가 출시되어 미래의 개인용 자동차 자리를 넘보고 있기도 합니다.

〈사진 2〉 2인용 자동차

1인용 자동차가 마음에 안 든다면 〈사진 2〉와 같은 2인용 자동차는 어떨까요?

부부 또는 연인끼리 오붓하게 드라이브를 하고 싶다면 2인용 자동차도 적격일 것 같습니다.

〈사진 3〉 소형 재봉틀

재봉틀 하면 한복이나 양복점에서나 볼 수 있는 커다란 크기를 연상할 수 있으나 〈사진 3〉과 같은 소형 재봉틀은 손가락 중지만 한 크기입니다. 어찌보면 일반적인 바늘과 실의 크기보다 적을 수도 있습니다. 손안의 재봉틀을 실현한 사례입니다.

혼자 사는 독신자나 자주 출장을 다니는 사람에게는 요긴할 수 있겠지요. 사용법은 호치키스처럼 엄지로 눌러 사용하는 구조로 초보자도 사용하기에 편리하도록 개발되었습니다.

〈사진 4〉 휴대용 선풍기

일반 선풍기는 더울 때 자신이 선풍기가 있는 곳으로 가야 바람을 쐴 수가 있습니다. 하지만 여름에 선풍기를 휴대하고 다닐 수는 없으므로 이를 해소하기 위해 만들어진 상품이 바로 〈사진 4〉와 같은 휴대용 선풍기입니다.

크기는 담뱃갑 반만 한 크기로 호주머니에 휴대하기도 간편합니다. 날개도 일반 비닐 재질로 되어 있어 위험성이 전혀 없습니다.

Q85 오스본의 체크리스트에서 '결합한다면?'에 대한 사례를 알려 주세요.

A '결합한다면?'

먼저 생각해 볼 것이 기능을 결합하는 것입니다. 각각의 기능으로도 상품의 가치가 있겠지만, 기능을 결합했을 때 또 다른 기능이 창출된다는 것이 우리가 주목할 사항입니다.

서로 상반된 기능을 갖고 있는 연필과 지우개를 합하여 새로운 편리성을 창조하였고, 어떤 것에 바퀴 기능을 추가해 새로운 편리성을 창출한 사례 또한 너무도 많다.

이외에도 복사기 + 팩시밀리 → 복합 사무기, 온풍기 + 에어컨 → 냉온풍기, 병따개 + 라이터 → 병따개 달린 라이터, 전기장판 + 옥돌 → 옥돌 매트, 전화기 + 카메라 → 휴대폰 등 나열하기 힘들 정도입니다.

여러분도 주변에 보이는 어떤 기능들을 결합해 보면 새로운 기능 또는 재미있는 기능이 탄생될 것입니다. 머릿속에 미리 설계하지는 말고 무조건 결합해 보는 것이 작안사항입니다. 그래야 획기적인 새로운 기능이 탄생하기 때문이다. 예를 들어 손톱깎이와 돋보기를 결합해 보니 돋보기 달린 손톱깎이가 되는 것이다.

이 아이디어는 이미 일본에서 실용화되어 정교한 손톱 다듬질을 원하는 여성들 사이에 인기가 높습니다.

더 나아가 기능의 결합이외에도 '재료나 성분을 혼합한다면?', '합금으로 한다면?', '아이디어를 결합한다면?' 등의 질문들도 있습니다.

〈사진 1〉 손톱깎이 + 돋보기

손톱깎이와 돋보기? 얼핏보면 전혀 별개의 기능입니다.

하지만 이를 결합해 새로운 편리성을 창출한 상품입니

다. 손톱을 깎다 보면 잘못 집어 손톱을 너무 짧게 자르거나 살점이 물리는 경우가 있습니다.

하지만 〈사진 1〉과 같은 손톱깎이는 돋보기를 달아 손톱을 크게 확대하여 볼 수 있도록 함으로써 이러한 단점을 보완하였으며, 특히 여성들이 손톱을 정교하게 정리할 수 있도록 획기적으로 개선하였습니다. 또한 눈이 침침한 노인분들이 손톱을 깎을 때에도 매우 편리할 것 같습니다.

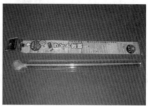

〈사진 2〉 자 + LED

자는 일반적으로 길이를 재는 도구입니다. 때에 따라서는 밑줄을 긋거나 도형을 작도하는데 사용되기도 합니다. 이렇게 섬세한 제도를 하다 보면 자세하게 보아야 하는데 주변이 어두우면 매우 불편합니다.

이럴 때 자에 부착된 LED를 켜면 자의 주변이 환해져 작도하고자 하는 부분이 잘 보여 손쉽게 작도를 할 수가

있습니다. 〈사진 2〉는 LED와 자라는 별개의 도구를 결합
하여 새로운 기능을 창출한 사례입니다.

〈사진 3〉 램프 달린 돋보기

돋보기의 기능은 글자나 물체를 확대하는 것입니다. 이
런 기본 기능만 발휘하면 돋보기로서 문제가 없지만, 한
가지 단점은 어두운 곳에서는 사용할 수가 없다는 것입니
다. 어두운 데서도 볼 수 있는 기능을 실현하기 위해 돋보
기 내에 램프 장치를 내장하였습니다.

〈사진 3〉은 밝은 곳에서는 일반 돋보기처럼 사용하다가
어두운 곳에서는 스위치를 켜면 램프에 불이 들어와 글자
나 물체를 쉽게 식별할 수 있게 하였습니다.

〈사진 4〉 플래시 + 비상등 + 충전기 +자석

집안에서 자주 쓰는 플래시입니다. 하지만 〈사진 4〉의 제품은 일반적인 플래시 기능에 비상등(적색 램프가 깜빡임) 기능을 추가하였으며, 전원 공급 또한 자체 충전이 가능하도록 충전 기능을 내장하였습니다. 바닥 부분에는 자석 기능을 추가하여 금속에 쉽게 부착되어 있을 수 있도록 하였습니다. 물론 자석 기능이 내장되어 있어 쇠붙이 같은 물건을 찾을 때에도 요긴할 것 같습니다.

Q86 오스본의 체크리스트에서 '뒤바꾼다면?'에 대한 사례를 알려 주세요.

A '뒤바꾼다면?'

'뒤바꾼다'라는 말은 왠지 무엇이 잘못되어 원위치 시킨다는 의미로 들릴 것입니다. 하지만 아이디어 발상 기법에서의 '뒤바꾼다'라는 것은 새로운 발상의 전환을 할 수 있는 좋은 질문입니다.

안과 밖을 반대로 하다든지, 서로의 입장을 바꾸어 본다든지, 위치를 바꾸어 본다든지 하여 새로운 부가 가치를 창출하는 방법이기 때문입니다.

예를 들어 옷 안쪽에 부착하는 상표를 밖으로 꺼내어 누구나 볼 수 있도록 하면 어떨까요? 사실 명품은 모두 이렇게 팔고 있기도 합니다. 아니면 부엌에서 요리하는 모델을 남성으로 해보면 어떨까요? 시청자에게 신선한 느낌을 갖게 할 수 있지 않을까요? 요즘은 남성이 부엌에 출입하는 것이 일반화되어 있어 신선하지 않다면 여성 화장품을 이쁘장한 남성으로 대치하여 CF를 찍는다면 어떨까요?

판단은 독자 여러분께 맡기고 싶습니다. 하여간 '뒤바꾼다'는 아이디어는 현실을 부정하여 새로움을 창출하는데 많은 효용이 있는 아이디어 발상 방법입니다.

〈사진 1〉 런닝머신

런닝머신은 반전의 사고를 기막히게 활용한 아이디어 상품입니다.

운동이란 현대인의 건강을 위해 필수적인 사항이지만 그중에서도 뛰거나 걷는 운동은 가장 하기 쉬우면서도 인간의 신체 구조에 가장 좋은 운동이라고 합니다.

하지만 뛰려고 하면 넓은 공간이나 장소가 필요하게 됩니다. 즉 밖으로 나가 마당에서 한다든지 넓은 운동장에 가서 해야 한다는 번거로움이 있습니다. 그러나 런닝머신은 '땅은 고정되어 있고 사람이 움직이는 방식을, 땅이 움직이고 사람이 가만히 있는다'는 반전 사고를 통해 해결한 경우입니다.

이러한 사고를 우리 주변에 확대한다면 아마 많은 히트 상품을 개발할 수 있을 것 같습니다. 예를 들어 도로에 차가 달리는 것이 아니라 차는 가만히 있고 도로가 움직이도록 한다거나, 글을 쓸 때 손이 움직이는 것이 아니라 종이가 움직이도록 한다거나, 수영을 할 때 사람이 움직이는 것이 아니라 그 자리에서 물장구만 치면 물이 움직이도록 한다던지 등.

필자의 생각이 너무 엉뚱한가요? 하지만 이러한 엉뚱한 공상이 바로 히트 상품을 만들어 낸다는 것 또한 잊지 말아야 할 사고입니다.

〈사진 2〉 거꾸로 도는 시계

시계는 당연히 우측으로 돌지만 이를 반대로 하여도 어느 정도 습관이 되면 시간을 보는데 익숙해 질 수 있습니다. 〈사진 2〉는 시계는 항상 오른쪽으로 돈다는 고정관념을 탈피하여 상품화한 것입니다. 여러분 집에 걸어 놓고 사용해 보실 의향은 없는지요?

〈사진 3〉 좌측통행과 우측통행

좌측통행은 일제 시대인 1921년부터 시행되어 학교나 군대에서 필수적으로 교육을 받아야 할 정도로 우리 생활에 깊숙히 뿌리 박혀 있었던 사고입니다. 하지만 좌측 보행은 신체 특성이나 국제 관례에 비추어 적당치 못하다는 주장이 지속적으로 제기되었던 보행 방식입니다.

최근에는 교통 사고 또한 우측으로 보행 시 방어가 가능하다는 주장이 제기되면서 어느새인가 '우측통행을 합시다'라는 캠페인이 시작되었습니다.

이 역시 보행은 좌측이라는 고정관념을 탈피시키는 좋은 사례인 것 같습니다.

오스본의 체크리스트에서 '대체한다면?'에 대한 사례를 알려 주세요.

A   '대체한다면?'

산업 문명이 발달하면서 새로운 재질이 개발됨에 따라 우리 주변의 많은 물건들이 새로운 대체재로 바뀌고 있으며 이는 향후에도 더욱 가속화될 것입니다.

따라서 우리는 기존에 개발된 많은 재질들을 앞으로 개선하고자 하는 제품에 대입해 봄으로써 또 다른 새로운 가치를 부여할 수가 있는 것입니다. 종이를 플라스틱으로 바꾼다거나, 플라스틱을 금속으로 바꾼다거나, 아니면 반대로 한다거나 해 보면 무한히 많은 조합의 수가 발생할 수 있으며 이를 통하여 새로운 개선이 창출될 수 있을 것입니다.

대체한다는 것은 비단 재질뿐만 아니라 현재의 동력원을 다른 동력으로 대체한다거나, 현재의 방법을 다른 방법으로 대체해 본다는 것을 모두 포함한 아이디어 발상입니다. 또 유선에 위한 전기 공급 방법을 배터리로 대체한다거나, 산소 용접을 전기 용접으로 대체한다거나 하는 것이 모두 이에 해당할 수가 있습니다.

〈사진 1〉 전자 담배

담배라는 것이 피우는 사람에게는 필수품일 수도 있지만 안 피우는 사람에게는 백해무익한 것으로 이 세상에서 사라졌으면 하는 물건이기도 하다. 또한 담배는 술과 달라 옆에 있는 사람에게까지 피해를 준다는 것 때문에 때로는 사회적 문제까지도 야기되고 있습니다.

이를 대체한 것으로 〈사진 1〉과 같은 전자 담배란 것이 요즈음 출시되고 있습니다. 애연가에게는 흡연의 자유를 보장해 주고, 주변 사람에게는 피해를 주지 않아 요즘 시대에 딱 들어맞는 콘셉트 제품인 것 같습니다.

전자 담배는 전자 필터 부분에 액체(이 액체 속에 약간의 니코틴을 넣을 수도 있음)를 주입하고, 무화기라는 기화 장치를 통해 이를 연기로 만들어 분사하게 함으로써 마치 피는 사람에게는 담배와 같은 느낌을 가질 수 있도록 한 상품입니다. 좀 더 기술을 발전시키면 이 세상에서 담배란 것이 사라질 수 있는 날이 실제로 올 것 같습니다.

⟨사진 2⟩ 전원을 자가 발전으로 대체

플래시 사용 시 기기 값보다 건전지 값이 많이 소비됩니다. 그런 탓에 건전지 회사에서는 건전지를 세트로 구매 시 판촉물로 플래시를 끼워 주는 경우가 많습니다. 즉 이 플래시를 많이 사용해 건전지를 많이 구매하라는 속뜻이 담겨져 있는 것입니다. 또한 건전지는 플래시를 자주 사용하지 않더라도 자연적인 방전이 일어나 일정 기간 방치하면 건전지 배터리가 모두 방전되어 건전지를 재구매해야 합니다.

〈사진 2〉는 이러한 건전지 부담을 줄이는 방법으로 자가 발전 기능을 플래시에 내장한 아이디어 상품입니다. 플래시 손잡이 부분을 눌렀다 떼었다를 반복하면 발전이 일어나 자동 적으로 플래시에 충전이 되도록 한 것입니다. 이 제품 하나만 있으면 건전지는 더 이상 걱정하지 않아도 될 것 같습니다.

〈사진 3〉 라이터돌을 금속으로 대체

심지(사진 3의 왼쪽 밑에 있는 길쭉한 봉)에 휘발유를 넣고 사진 우측의 금속판에 대고 문지르면 금속끼리의 마찰력에 의해 불꽃이 생기고, 이 불꽃이 점화원이 되어 점화가 됩니다. 라이터 대신 나온 아이디어 상품입니다. 라이터돌이 필요 없는 라이터입니다.

Q88 오스본의 체크리스트에서 '모방한다면?'에 대한 사례를 알려 주세요.

A '모방한다면?'

오스본의 체크리스트에서 가장 강력한 아이디어 발상 포인트일 것입니다. 우리 주변에서 알게 모르게 이 아이디어를 접목한 상품은 너무도 많기 때문입니다. 즉 무언가를 흉내냄으로써 새로운 가치를 창출할 수가 있다는 뜻이기도 합니다,

가장 흔히 사용되는 것이 동물을 이용한 방법입니다. 동물 모양을 본뜬 장난감, 동물 모양의 놀이 공원, 동물을 그린 생활용품들 생각해 보면 너무나도 많습니다. 동물을 흉내낸 물건들이 많은 이유는 동물이 남녀노소를 막론하고 인간에게 친근감이 있어서일 것 같습니다.

최근 산업 용어에서는 벤치마킹(bench marking)이란

용어를 많이 사용하고 있으나, 이 역시 남들이 어떻게 하는지를 알아보고 좋은 점은 그대로 모방함으로써 기업의 경쟁력을 높이고자 하는 방법론입니다.

〈사진 1〉 크래커 라이터

〈사진 1〉은 얼핏 보기에는 크래커처럼 보이지만, 크래커 윗부분의 돌출부를 누르면 불이 켜지는 라이터입니다. 끝부분에 열쇠고리까지 추가한 아이디어 상품입니다.

〈사진 2〉 동물 장갑

어린아이들은 동물에게서 친근감을 느끼고 좋아합니다. 〈사진 2〉와 같은 제품은 장갑을 끼울 때를 착안한 사례입니다. 장갑 손가락 부분을 토끼, 기린, 코끼리 등 어린아이들이 좋아하는 동물 모양으로 만들어 친근감을 느끼게 하였습니다.

〈사진 3〉 담배 모양의 라이터

〈사진 3〉은 라이터를 담배 모양으로 만든 아이디어 상품입니다.

〈사진 4〉 성냥갑 라이터

요즘은 1회용 라이터가 워낙 많이 보급되어 성냥은 찾아보기가 힘든 물건으로 되었습니다. 〈사진 4〉와 같은 라이터는 예전의 성냥 모양으로 만들어 평소에는 점화 스위치를 성냥갑 안으로 들여보내고 사용 시에만 사진처럼 빼내스위치를 누르면 불이 켜집니다.

〈사진 5〉 면도기를 모방한 코털 제거기

전기 면도기는 일상생활에서 너무도 많이 쓰이고 있는 생활용품입니다. 이를 모방하여 코털을 깎을 수 있도록 〈사진 5〉와 같은 제품을 개발하였습니다.

원리는 면도기 작동 원리를 그대로 모방하였으며, 단지 수염과 코털이 자라는 형상이 상이하므로 이 부분의 구조를 변경하였습니다.

A '대용한다면?'

말 그대로 어떤 기능을 다른 곳에 대신 사용함으로써 새로운 효용 가치를 창출시킬 수 있다는 발상입니다. 좀 더 구체적으로 질문을 표현하면 '대신할 물질은?' '다른 재료로 하면?', '다른 장소(공정)로 한다면?', '다른 에너지를 이용한다면?' 등이 모두 이에 해당하는 질문입니다.

과거의 필자 기억으로 시장에서 생선 가게 아주머니가 '대용한다면?'이란 아이디어를 잘 활용한 사례가 있었습니다. 내용인 즉, 레코드판을 재생하는 턴테이블을 생선 가운데에 놓고 턴테이블에 끈을 길게 묶어 놓으면 턴테이블이 돌면서 묶어둔 끈까지 같이 돌아 주변의 파리들이 모두 도망가도록 한 사례를 보았습니다. 웃음도 나왔지만 아주

기발한 아이디어로 느껴졌습니다. 그 아주머니가 직장 생활을 했다면 제안왕이 될 수 있는 자질을 갖지 않았나? 하는 생각이 들 정도였습니다.

이처럼 우리 주변에는 제품 본래의 기능 또는 원리를 다른 곳에 사용함으로써 훌륭한 아이디어 제품을 탄생시킬 수가 있습니다.

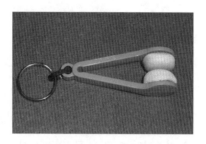

〈사진 1〉 안경 수건을 대용

안경을 닦기 위해 일반적으로 사용하는 것이 헝겊으로 된 천입니다. 이것의 단점은 안경을 닦다 보면 손이 안경알에 닿아 안경알 일부분이 지저분해지기도 합니다. 〈사진 1〉과 같은 대체품은 집게 같이 생긴 부분에 안경을 넣어 문지르면 손가락이 안경알에 전혀 닿는 일이 없어 안경이 깨끗하게 닦이는 효과가 있습니다.

〈사진 2〉 실내화를 걸레로 대용

주부들이 집안을 청소하다 보면 쓸어내는 것보다 더 힘든 것이 걸레로 닦는 일입니다. 이를 편하게 하기 위해 실내화 바닥 부분을 걸레로 만들어 집안에서 돌아다니다 보면 저절로 청소까지 됩니다(〈사진 2〉). 혹시라도 집안에서 이 실내화를 신고 운동을 한다면 운동도 되고 청소도 되는 일석이조의 효과가 있지 않을까요.

〈사진 3〉 실리콘을 신발 깔창으로 대용

신발이 크거나 여성들처럼 하이힐을 신다보면 발의 유동이 심해 걷는데 불편한 경우가 많이 발생합니다. 이를 해소하기 위해 대부분 신발 깔창을 사용하지만 하이힐의 경우 신발 깔창도 사용하기 어렵습니다.

이런 문제를 해결하기 위해 〈사진 3〉과 같은 실리콘 재질의 신발 깔창을 개발하였습니다. 다른 소재보다 실리콘은 부드럽고 마찰력도 강해 신발에 깔아 놓으면 여간해서는 발이 미끄러지지 않습니다. 크기도 소형으로 할 수 있으며 재질이나 색상도 투명하게 하여 남들이 볼 때에 알아채기 힘들도록 하였습니다.

Q90 특성열거법에 대하여 알려 주세요.

A '아이디어 발상 기법의 하나인 특성열거법은 개선하고자 하는 것에 대하여 그 특성을 명확하게 열거하고, 그 하나하나에 대해서 본래의 필요성을 보다 좋게 만족시키도록 개선을 시도하는 방법이며, 특히 제품의 분석에 사용하면 편리합니다.

실행 순서는

〈순서 1〉 제품 또는 부품이 갖는 특성(명사적, 형용사적, 동사적)을 모두 열거합니다.

〈순서 2〉 특성 또는 특성군을 계통적으로 분류합니다.

〈순서 3〉 분류 결과에 대하여 제품 본래의 요구를 더욱 만족시키거나 새로운 요구에 부응하도록 개선 아이디어를 도출합니다.

'게임기' 회사 제품에 대하여 특성열거법을 실시한 사례를 다음 〈표〉에 제시해 드리니 참고하시기 바랍니다.

〈표〉 특성열거법 실시 사례

단계		실시 내용	결과	개선 아이디어
1	명사적 특성 열거	제품의 전체, 부분, 부품 등에 대하여 명사적인 특징을 열거한다.	화면	• 화면을 커보이게 한다. • 뚜렷하게 한다.
			이어폰	• 귀가 안 아프도록 한다. • 청력 감소 효과를 극소화한다.
			지지대	• 접촉 부분을 편하게 한다. • 무게 중심을 분산하여 가볍게 느끼도록 한다.
			컨트롤러	• 눈이 안 보인다는 점을 감안하여, 손의 촉각만으로도 찾기 쉬운 위치에 설치한다. • 버튼의 수를 최소화하고, 각 버튼의 구별이 쉽도록 모양을 다르게 한다.
			연결선	• 없애거나, 연결선의 숫자를 최소화한다.
			소프트웨어	• 다양하게 한다.

단계	실시 내용	결과	개선 아이디어
2 형용사적 특성 열거	제품의 상태, 느낌 등을 나타내는 형용사적 특징을 열거한다.	어지럽다	• 보안기 부착, 또는 보안기능의 강화한다.
		고급스럽다	• 여러 가지 디자인 개발 (고급화)
		생소하다	• 마케팅, 가격 낮추기, 보급형을 출시한다.
		투박하다	• 디자인을 개선한다.
		무겁다	• 무게 중심 분산 또는 재질을 바꾸어 무게를 가볍게 한다.
3 동사적 특성 열거	제품의 기능 등을 나타내는 동사적 특성을 열거한다.	조용하다	• 소리가 밖으로 새어나가지 않도록 한다.
		같이 듣는다	• 다른 사람과 공유가 가능한 기능을 개발한다(연결 포트).

특성열거법의 특징은 기술적 문제 해결시의 정리기법으로서 가장 일반적으로 활용되고 있으며, 집단 아이디어 발상에 적합합니다.

이 기법의 장점은 제품에 대한 전체적인 특징을 다룰 수 있으며 아이디어 발상의 기준이 명확하고 간단하다는 것입니다.

이에 반해 단점은 깊은 수준의 아이디어를 내기에는 다소 부적합합니다.

Q91 아이디어를 발상하는 방법 중 고든법이란 어떤 것인지요?

A 고든법은 브레인스토밍법의 변형법으로 윌리엄 고든이 창안한 방법입니다. 활용 시기는 대부분 신제품 개발 관련 아이디어 창출시에 활용합니다. 실시 방법도 팀 리더가 주제를 명확히 가르쳐 주지 않고 추상화하여 힌트를 준 후 관련 아이디어를 창출케 합니다.

예를 들어 선풍기를 개선하고자 할 때 '바람을 보내는 방법', '공기를 움직이는 방법' 정도의 힌트를 주고 이를 실현할 수 있는 아이디어를 요구합니다. 각 팀원들은 어떤 상품을 개발하기 위한 것인지는 모른 채 이를 실현하는 방법에 대해 발언을 하게 되고, 이렇게 하다 보면 기존의 선풍기 날개 이외에 바람을 일으킬 수 있는 획기적인 방법이 도출될 수 있습니다.

Q92 아이디어 발상 기법 중 **SCAMPER**란 기법은 어떤 것을 말하며, 어떻게 아이디어를 생각하는 것인지요?

A SCAMPER란 미국의 광고 회사(BBDO : Batten, Barton, Durstine, Osborne) 사장인 오스본 (Alex F. Osborn)이 아이디어 창출을 위해 만든 체크리스법을 봅 에벌(Bob Eberle)이 재구성한 아이디어 촉진 질문법으로, SCAMPER는 Substitute, Combine, Adapt, Modify, Put to another use, Eliminate, Reverse의 첫 글자를 모아 만든 단어이며, 새로운 기회를 창출하기 위해 기존 제품이나 서비스에 이 단어를 대입해 새로운 아이디어를 창출 가능하도록 한 기법입니다.

즉 SCAMPER의 각 알파벳 글자가 의미하는 질문에 답해 봄으로써 새로운 아이디어를 떠올려 보는 방법으로 아이디어를 도출합니다.

이 발상 기법은 기존의 제품을 다소간 개조하여 신제품을 발명해 내는데 유용하게 활용되는 질문 기법으로 SCAMPER의 각 내용은 외우기도 쉽고 실생활에 많은 도움을 주기 때문에 창의성 함양에 널리 사용되고 있습니다.

SCAMPER는 한 문제나 상황에 대한 다양한 시각들 중에서, 한 영역에 대하여 집중적으로 생각해 보고 차례로 나머지 부분들도 충분히 생각한 후에 그 아이디어를 서로 조합하거나 결합시켜서 가장 적합하거나 적절한 상황으로 문제를 해결하고자 하는 것이 목적이며 SCAMPER의 의미는 다음 〈표〉와 같습니다.

〈표〉 SCAMPER의 의미

약자	의 미	설 명
S	Substitute (대체)	다른 재료, 요소, 원동력, 프로세스 등
C	Combine (결합)	혼합, 조립, 그리고 작동, 단위, 방법, 아이디어 등의 결합
A	Adapt (적용)	다른 용도, 과거의 적용, 다른 아이디어의 도용.
M	Modify, Magnify (변형 및 확대)	뜻, 색깔, 동작, 모양 등을 변형, 더할 수 있는 요소는?, 더 크게, 높게, 강하게, 두껍게, 과장되게 등
P	Put to other use (다른 용도)	원래의 용도를 바꾸기 등
E	Eliminate, Minify (최소화)	취소, 분리, 가볍게, 짧게, 여러 개로 나누기 등
R	Reverse, Rearrange (역방향)	방향을 바꾸기, 거꾸로, 용도의 교환 등

Q93

SCAMPER 기법의 활용 사례를 소개해 주세요.

A SCAMPER의 각 알파벳별 의미와 활용 사례를 살펴보면 다음과 같습니다.

◈ S(Substitute) : 다른 것으로 대체할 수 있을까?

이 질문은 사물의 기존 형태, 용도, 방법 등을 새로운 것으로 대체할 수 있는지를 알아보기 위한 질문입니다.

예) 대형 마트에서 매출을 늘리기 위해 쇼핑백을 쇼핑카 터로 대체, 지하철 차량을 경량화하기 위해 소재를 금속에 서 알루미늄으로 교체 등

◈ C(Combine) : 다른 것과 결합해보면 어떨까?

기존에 사용되고 있는 사물이나 기능들을 서로 결합해서 새로운 것을 만드는 방법입니다.

예) 결합을 활용한 예는 우리 주변에 너무 많습니다. 간단하지만 고무 달린 연필(연필과 지우개의 결합)에서부터 매직 홀라후프(홀라후프와 지압용 돌기), 립톤의 아이스 홍차(과일 향과 홍차의 결합), 스마트폰(휴대폰과 컴퓨터의 결합), 금전 기록부(수입과 지출을 동시에 볼 수 있도록 함), 미니컴포넌트(라디오, 테이프리코더와 CD 플레이어 결합), 전자상거래(인터넷과 상거래의 결합), 음악 카드, 바퀴 달린 가방, 바퀴 달린 신발 등 그 예는 수 없이 많습니다.

❖ A(Adapt) : 여기에 적용시키면 어떨까?

기존의 원리, 방법, 형태 등을 변형시켜 나의 상황에 적용시킬 수 있는지 알아보는 것입니다.

예) 스노 타이어, 산악용 자전거, 경주용 차 모양을 한
　　어린이 침대 등

❖ M(Modify) : 수정해 보면 어떨까?

기존 것의 일부(크기, 무게, 색, 냄새, 기능, 디자인 등등)를 변경시켜 봅니다. 다른 것을 그대로 모방하는 데서 한 걸음 나아가 그 일부를 변경시키는 것은 거의 모든 분야에서 널리 애용되고 있는 방법입니다.

예) 기존 것의 일부(크기, 무게, 색, 냄새, 기능, 디자인
　　등등)를 변경시켜 봅니다. 다른 것을 그대로 모방하

는 데서 한 걸음 나아가 그 일부를 변경시키는 것은 거의 모든 분야에서 널리 애용되고 있는 방법입니다.

- 변경(Modify) : 향기 나는 크레용, 알루미늄 야구방망이, 유색의 콘택트렌즈
- 확대(Magnify) : 크게 만든 햄버거, 대형화 되는 TV, 효능을 더욱 강화시킨 약
- 축소(Minify) : 소형 비스킷, 작게 만든 초콜릿 바, 휴대폰, 포켓용 계산기

◈ P(Put to another use) : 다른 용도로 사용할 수 없을까?

어떤 사물이나 아이디어를 지금과는 다른 용도로 사용할 수 없는지 찾아봅니다. 재활용 제품들이 여기에 해당된다고 할 수 있습니다.

예) 용도 폐기된 기차, 배, 항공기 등을 식당으로 사용

하는 것, 콘크리트 구조물을 물고기 서식지로 활용
하는 것, 타이어를 이용한 놀이기구 등

◈ E(Eliminate) : 특정 부분을 없애면 어떨까?

물건에서 특정 부분이나 성분, 기능 등을 제거해 보는
것입니다.

예) 소금이나 지방이 없는 음식, 카페인이 없는 커피,
무선 전화기, 무선 인터넷 등

◈ R(Rearrange/Reverse) : 순서를 재조정하거나 반대로 하면 어떨까?

일의 형식이나 순서를 재조정하거나 거꾸로 해서 새로운 아이디어를 찾는 방법입니다.

- 재배열(Rearrange) : 제품 판매에 있어 소비자가 찾아오도록 하는 데서 소비자를 직접 찾아가는 방식으로의 전환, 삼성이 출퇴근 시간을 아침 7시와 오후 4시로 조정했던 것, 자택 근무나 워킹 스테이션 활용, 침대 밑 공간에 서랍을 두는 것 등

- 역전(Reverse) : 뒤집어 입을 수 있는 옷, 전통적으로 옷의 상표는 옷 안쪽에 있었지만 상표를 밖에 달면서 상표도 디자인의 일부로 간주되고 있습니다.

Q94

아이디어 발상 방법 중에 여섯 개의 모자를 쓰면서 하는 방법이 있다는데, 이것이 무엇인지 자세히 알고 싶습니다.

A

'여섯 색깔 생각의 모자(Six Thinking Hats)'는 사고력의 대가인 에드워너 드 보노(Edward de Bono)에 의해 창안된 아이디어 발상 기법으로 의사 결정 시 사고의 형태를 감정, 논리, 정보, 독창성 등으로 분리해 놓고 한 번에 한 가지만을 사고하여 의사 결정에 도움이 되도록 사고를 체계화하는 방법입니다.

아이디어 발상 시 다음 〈그림〉과 같이 6색깔의 모자를 사용하여 다양한 관점의 사고를 유도하는 방법입니다.

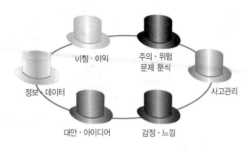

〈그림〉 6가지 색깔의 모자

기본적으로 모자의 색깔에 따르는 사고의 역할은 다음 〈표〉와 같습니다.

〈표〉 모자 색상별 사고 방법

NO	모자 색상	사고 방법(역할)
1	백색	중립적이며 정보적인 사고
2	적색	직관, 육감, 감정적인 사고
3	검정	주의나 경고의 사고
4	노랑	논리에 바탕한 긍정적 사고
5	초록	창의적 사고
6	파랑	사고 과정 관리

Q95 '여섯 색깔 생각의 모자(Six Thinking Hats)' 아이디어 발상 기법에서 모자 색상별 사고 방법을 구체적으로 알려 주세요.

 각 모자 색상별로 가져야 할 사고와 토의 방법을 설명하면 다음과 같습니다.

◈ 하얀 모자

하얀 종이를 생각해 보십시오. 하얀 종이는 중립적이며 정보를 담고 있습니다.

· 사고 예

   – 우리에게 있는 정보는 무엇인가?

   – 우리에게 없는 정보는 무엇인가?

   – 우리가 획득하고자 하는 정보는 무엇인가?

   – 어떤 방법으로 정보를 입수할 것인가?

◈ 빨간 모자

빨간 모자는 느낌, 직관, 육감, 감정과 관계가 있습니다. 진지한 회의에서는 감정 표출을 삼가야 하지만 종종 사람들은 감정을 논리로 위장해서 표출합니다. 빨간 모자는 사람들에게 자신의 느낌이나 직관을 표출하도록 허용합니다. 사람들은 자신의 감정 표출에 대해 사과나 해명, 정당화할 필요가 없습니다.

· 사고 예

- 빨간 모자를 썼을 때 이 프로젝트에 대한 내 느낌은 이렇습니다.

- 내 직감에 의하면 이 계획은 성공할 수 없습니다.

- 이런 식으로 진행되는 것에 대해 불만입니다.

- 내 직관으로 보건대 가격은 곧 하락할 것입니다.

◈ 검은 모자

검은 모자는 '주의'나 '경고'를 의미합니다. 검은 모자는 우리가 실수를 저지르거나 어리석은 행동을 하거나 불법적 행위를 하는 것을 방지해 줍니다. 검은 모자는 비판적 판단을 위한 모자입니다. 검은 모자는 어떤 일을 왜 할 수 없는지, 어떤 일이 왜 이윤이 남지 않을 것인지 등을 알려 줍니다.

- 사고 예
  - 규정에 의하면 우리는 그렇게 할 수 없습니다.
  - 주문을 충족시킬 만한 생산 설비가 없습니다.
  - 우리가 가격을 높였을 때 판매량이 하락한 적이 있습니다.
  - 그는 수출 관리 경험이 전혀 없습니다.

◈ 노란 모자

노란 모자는 낙관주의, 논리에 바탕을 둔 긍정적 사고를 대표합니다. 노란 모자는 실현 가능성, 일을 행하기 위한 방법을 모색합니다. 노란 모자는 이득을 찾습니다. 하지만 이는 논리에 바탕을 둔 이득이어야 합니다.

- 사고 예
  - 생산 공장을 소비자에 가까운 곳으로 이전한다면 이 계획은 성공할 수 있습니다.
  - 반복 주문을 통해 이득을 얻을 수 있습니다.
  - 에너지 고가 정책은 사람들에게 에너지를 효율적으로

사용하도록 만들 것입니다.

◈ 초록 모자

초록 모자는 창의적 사고를 위한 모자이며, 새로운 아이디어를 찾기 위한 모자입니다. 그리고 대안을 찾기 위한 모자이며, 가능성과 가설을 제안하기 위한 모자입니다. 초록 모자는 창의적인 노력을 요구합니다.

· 사고 예
  – 우리는 새로운 아이디어가 당장 필요합니다.
  – 다른 대안은 없습니까?
  – 다른 방식으로 이 일을 수행할 수 있습니까?
  – 다른 해석이 있을 수 있습니까?

◈ 파란 모자

파란 모자는 사고 과정을 관리하는 모자이며, 현재 진행 중인 사고에 대해 생각합니다. 파란 모자는 사고를 위한 주제를 설정하고, 사고에서 다음 단계를 제안합니다. 그리고 다른 모자를 쓰도록 요청할 수 있습니다. 또한 요약, 결론, 결정 내리기를 요청할 수 있습니다. 현재 진행 중인 사고에 대한 의견도 제시합니다.

· 사고 예

  – 우리는 비난할 사람을 찾는 일에 시간을 너무 허비했습니다.

  – 당신의 의견을 요약해 주시겠습니까?

  – 우선 사항을 고려해야 한다고 생각합니다.

  – 새로운 아이디어를 위해 초록 모자 사고를 할 것을 제안합니다.

※ 참고 〈드 보노의 창의력 사전〉 에드워드 드 보노 지음, 21세기 북스

PART

08

활동 활성화

Q96 제안 활동의 활성화를 위한 방법에는 어떤 것들이 있습니까?

A 회사의 실정에 따라 다양한 활성화 방법이 있겠지만, 여기서는 대표적인 몇 가지만 소개해 드리겠습니다.

첫째, 교육 훈련의 실시

제안을 잘하기 위하여 제안서 작성 방법, 아이디어 발상 기법 등을 교육해야 합니다.

둘째, 다양한 이벤트 활동의 전개

홍보 활동 및 제안의 날을 운영합니다.

셋째, 운영 제도 개선

제안 활동 규정의 적절성 검토 및 목표 부여에 의한 활동을 실시해야 합니다.

기타 경영진의 관심, 주관 부문 기능 강화, 분임조 활동과의 연계 등을 실시합니다.

이들에 대한 구체적인 사항을 정리하면 다음 〈표〉와 같습니다.

〈표〉 제안 활동 활성화 방법

구 분	활성화 방법

교육 훈련	1) 제안자에 대한 교육 실시
	  ・문제 발견 능력 향상
	  ・아이디어 발상 기법
	  ・신입 사원 교육
	  ・기존 사원 재교육
	2) 제안 활동 핵심 요원 양성
	  ・제안 지도 요원 임명・운영

이벤트 활동	1) 캠페인 활동 전개
	  ・제안의날, Thinking day, 표어・포스터 공모
	2) 홍보 강화
	  ・사내방송, 사보, 게시판(현황판), 제안 사례집
	3) 제안 발표회, 전시회, 제안 교류회 실시

운영 제도 개선	1) 제안 제도 운영 규정 개선
	  ・인센티브, 처리플로
	2) 목표치에 의한 관리
	  ・개인별・부서별・공장별 실적 비교
	3) 실시 체계 및 사후 관리 체계 강화

기 타	1) 사무국 스태프의 활동 강화 2) 제안 실시 촉진 방안의 수립 및 전개 3) 소집단 활동(QCC)과의 연계 활동으로 전개

Q97

저희 회사는 제안 절차도 명확하게 되어 있고 제안 제출 채택, 실시 금액두 높게 책정하여 제안 제출을 유도하고 있습니다. 하지만 현장뿐만 아니라 전 사원의 제안 제출 활동이 아주 미흡합니다. 이럴 경우에는 어떻게 하면 제안 활동을 활성화할 수 있을까요?

A

제안 활동에 있어서 인센티브가 활성화 요소의 중요한 부분이기는 하지만 필자의 경험상 그보다 더 중요한 것은 직원들의 의식 변화인 것 같습니다.

제안을 왜 해야 하고, 제안을 하면 무엇이 좋아지는지를 본인들이 깨달아야 비로소 자주적인 활동이 시작되는 것이지요.

필자가 권고 드리고 싶은 사항은 우선 직원들의 마음을 읽어보기 위하여 제안 활동에 대한 설문 조사를 실시해 보십시오.

의외로 생각하지 못한 조사 결과가 나올 수 있으며, 이를 통하여 회사의 제안 활동 정책을 수립하는데 많은 도움이 될 것입니다.

설문 구성 시는 제안 제도의 취지 이해, 효과 인식, 교육 훈련, 홍보, 성과 인센티브, 부서장 관심, 실적 관리 등 제안 활동과 관련된 요소들을 우선 추출하고, 이를 구조화된 설문지로 작성하여 직원들의 반응을 알아보는 것이지요.

조사 시 한 가지 유의할 사항은 반드시 무기명으로 하는 것이 필요합니다. 그래야 솔직한 답변을 청취할 수가 있습니다.

이를 위해서는 조회나 어떤 모임을 통하여 집단 조사법을 실시하는 것이 좋겠지요.

Q98 제안을 좀 더 잘할 수 있는 방법은 없을까요?

A 제안을 잘하기 위해서는 첫째 문제 의식을 가져야 합니다.

모든 개선은 현실을 부정하는 데서부터 출발한다고 해도 과언이 아닙니다. 눈에 보이는 모든 것이 그냥 지나치면 아무런 문제가 없다고 보이지만 '왜?'라는 질문을 갖고 모든 것을 바라보면 많은 문제기 보이게 됩니다.

예를 들면 왜 치약은 동그란 주둥이로 나오게 하는지, 네모난 주둥이를 만들면 치약을 칫솔에 묻혔을 때 칫솔에서 떨어지는 경우도 없고 좋을 텐데, 왜 치약을 끝까지 다 알뜰히 쓸 수 있는 구조로 못 만드는지, 왜 치약 뚜껑은 돌려야 열리는지 등.

쓸데없는 얘기인지는 몰라도, 무엇이든 이렇게 '왜?'를 가지고 다시 한 번 사고해 보라는 것입니다.

둘째, 메모하는 습관을 키우세요.

사람이란 누구에게나 망각이 있죠. 무엇인가 그 당시에는 기억했다가도 막상 어느 때인가 필요해 그것을 생각하려고 하면 머리속에 어렴풋하게 맴돌 뿐 도저히 생각이 나지 않는 경우를 겪어 봤을 것입니다.

이럴 때 비로소 메모의 위력이 발휘됩니다.

그 당시 단어 몇 개만 써놓았어도 메모장만 보면 훤히 그때 생각했던 내용들이 생각나기 마련입니다.

메모는 아이디어 발상뿐만 아니라 개인의 스케줄 관리에도 많은 도움이 됩니다. 필자는 주머니에 메모지를 항상 한 장씩 넣어가지고 다닌지 벌써 10년 이상 되었습니다. 그날 할 일(자료 작성, 메일 보낼 곳, 전화할 곳, 살 것 등등)을 적어 놓고 그것을 하고나면 밑줄을 그어 지우죠. 즉 밑줄이 안 그어진 것만 보면 할 일 중 무엇을 안했는지를 바로 알게 되어 생활에 많은 도움을 받고 있답니다.

셋째, 아이디어 발상법에 대해 공부하세요.

모든 것을 잘하려면 다른 사람들보다 좀 더 공부를 해야 합니다. 다른 사람이 잘 때 똑같이 자고 성공한 사람은

이 세상에 한 명도 없으니까요.

요사이 많은 기업에서 6시그마가 도입되어 붐을 이루고 있지만, 이것 역시 6시그마 이론에 대해 많은 공부를 한 사람만이 많은 성과를 거두고 있습니다.

제안도 '오스본의 체크리스트' '희망점열거법' '결점열거법' '카탈로그법' '고든법' 등 아이디어 발상에 도움을 주는 이론들이 많이 나와 있습니다.

이를 틈틈이 공부하시면 제안 활동에 시너지 효과가 반드시 나타날 것입니다.

Q99 노력은 하고 있으나 최근 제안 활동 건수가 감소하고 있습니다. 무엇이 문제일까요?

A 제안 건수는 일반적으로 초창기에 급증하다가 어느 정도 제안 건수가 제출되면 제안거리가 쉽게 눈에 뜨이지 않아 서서히 감소하기 시작합니다.

이럴 때는 제안 활동의 이벤트가 필요합니다. 우선 과제제안을 실시해 보세요. 회사 차원에서 여러 사람의 아이디어가 필요한 주제를 찾아 일정 기간을 정해 제안을 하게 하는 것입니다. 그럼 직원들도 제안 주제가 생겨 제안 작성이 용이해지며, 회사 차원에서도 취약한 사항에 대하여 좋은 아이디어를 쉽게 발굴할 수 있는 일석이조의 효과가 있습니다.

또 제안 퀴즈 대회, 생일자 제안, 생활 속의 제안 등 여러 가지 이벤트 활동이 있으며, 아이디어 발상법에 대한 교육, 제안 우수 사례 발표회 및 사례집 발간, 제안 활동 우수 기업 견학 등도 검토해 보면 좋을 것 같습니다.

Q100
회사에서 분임조와 제안 활동 활성화를 위한 시도를 몇 번 했으나 참여가 너무 저조해 현재 중단된 상태입니다. 전 사원이 참여해 효과적으로 할 수 있는 방법을 알려 주십시오.

A
분임조와 제안 활동 활성화를 위하여 어떤 시도를 하였는지는 모르겠지만, 중요한 것은 활성화가 안 되는 원인이 무엇인가를 파악하는 것이 우선 중요합니다. 즉 직원들이 무엇인가 불편하고 불만이 있기 때문에 활성화가 안 되는 것입니다.

제안 및 분임조 활동을 주관하는 부서에서는 직원들이 활동을 잘 할 수 있도록 인프라를 구축하고 주기적으로 문제가 있는가를 모니터링 하여 인적, 재정적 지원이 필요할 경우 회사의 상위자에게 보고하여 지원을 받아야 합니다.

분임조나 제안 활동은 다른 활동보다 더 상위자(경영자 포함)의 관심과 지원이 있어야 활성화될 수 있는 활동임을 명심하시기 바랍니다.

필자가 생각하는 활성화 방안은 다음과 같으니 참고하시어 귀사에 적용해 보시기 바랍니다.

첫째, 제안·분임조 활동에 대한 진단을 실시하세요.

제안은 제안서 제출 → 1차 검토 → 2차 검토 → 심사 →포상 → 실시(아이디어 제안일 경우)의 각 단계에서 직원들이 만족하고 있는지, 어느 단계가 계속 정체되는 곳은 없는지 등을 검토합니다.

분임조의 경우에는 분임조장들이나 분임조원들에게 활동 방법에 대한 교육이 실시되었는지, 분임조 회의록에 주관 부서에서 관심을 갖고 적정한 코멘트를 실시하는지, 정규 회합 시간이 지정되어 있는지를 검토합니다.

둘째, 제안·분임조 운영 업무 표준을 재정비하세요.

진단 결과를 참고하여 현재 제정되어 있는 제안·분임조 업무 표준을 현실에 맞게 재정비하여 모든 직원이 이를 근거로 활동을 할 수 있도록 홍보합니다. 업무 표준 재정비 시는 반드시 상위자의 의견을 수렴하는 것이 좋습니다. 재정적·시간적 투자가 필요한 것이니까요.

셋째, 가능하다면 직원을 대상으로 설문 조사를 실시하세요.

회사의 입장도 중요하지만 제안·분임조의 고객은 엄연히 직원들입니다.

　직원들이 제안·분임조 업무에 대하여 어떻게 생각하고 있는지, 무엇을 만족해 하고, 무엇을 불편해 하는지를 의견 수렴을 통하여 수집함으로써 향후 제안·분임조 활동 정책 수립 시 활용해야 합니다.

Q101 회사의 제안 활동 전반에 대해 진단을 하고 싶은데, 어떠한 항목으로 진단을 해야 할지요?

A 필자가 기업체 제안 활동 진단 시 사용하는 진단항목을 간략하게 간추려 다음 〈표〉와 같이 소개해 드리니 이를 근거로 필요한 항목을 가감하여 귀사의 운영 실태를 진단해 보시기 바랍니다. 진단 결과 실행 수준이 미흡한 항목을 우선적으로 개선하는 것이 바람직합니다.

〈표〉 제안 활동 진단 체크리스트

No	평가 항목	평가 결과			비 고
		우수	보통	미흡	
1	소집단 활동에 대한 체계 또는 규정은 있는가	우수	보통	미흡	
2	활동 계획에 대한 실행 상태는 어느 정도인가	100%	90%	70%	

No	평가 항목	평가 결과			비 고
		우수	보통	미흡	
3	전 계층이 소집단 활동에 참여하고 있는가	100%	일부 제외	사원만	
4	회합은 정기적으로 개최되는가	장기적으로 정기적	단기적으로 정기적	비 정기적	
5	소집단 활동에 대한 교육 훈련(년)	20시간	15시간	10시간	사내, 사외, 활동 발표대회에 대한 인당 연평균 시간
6	소집단 활동 지원 비용 (3년 평균)	70만 원	50만 원	30만 원	교육비, 행사비, 홍보비, 포상비 사무국 인건비용
7	소집단 활동 효과(유형 효과, 품질 향상, 능률, 사기 등)는 산출, 관리, 보고되는가	우수	보통	미흡	
8	활동 효과는 정기적으로 보고되는가	5년간 정기적	3년 간 정기적	비 정기적	
9	분임조 경진대회 실시(년)	2회	1.5회	1회	
10	분임조 활동 결과에 대한 인센티브는 어떤 것이 있는가	전 항목 충족	2가지 이상	1가지 이상	국내 연수, 휴가, 교육, 인사 고과
11	소집단 활동에 대한 진단 실시 (년)	3회	2회	1회	진단을 제도화하고 사무국에서 주관하여 실시
12	진단 결과에 대한 분석 및 조치 사항의 전 직원 공지	90% 이상	80% 이상	50% 이상	

No	평가 항목	평가 결과			비 고
		우수	보통	미흡	
13	활동 결과에 대한 표준화 및 사후 관리	우수	보통	미흡	무작위 5개 소집단, 활동 선정 파악
14	테마 해결 건수(년)	4건	3건	2건	최근 1년 간
15	테마 해결 증감률	130%	110%	90%	과거 2년 전 대비 최근 2년간 평균
16	회합 수(연간 월평균)	4회	3회	2회	소집단 당
17	편성률(년)	95%	90%	85%	최근 1년 간 =편성 인원/전사원
18	편성률 증감	130%	110%	90%	과거 2년 전 대비 최근 2년 간 평균
19	참석률(년)	95%	90%	80%	회합 평균 참석률
20	유형 효과(3년 평균)	2천만원	1.5천만원	1천만원	소집단의 과거 3년간 평균
21	소집단 활동에 대한 홍보(년)	12회	10회	8회	사례집, 사내 게시, 뉴스지, 사보, 사내 방송, 기타
22	소집단 활동의 활성화에 대한 평가 회수(년)	4회	3회	2회	사내 발표 대회 제외
23	경영 관리자의 소집단 활동 참여 정도	1회	0.7회	0.5회	월 평균
24	타사 견학 또는 교류회 실시(년)	2회	1.5회	1회	

제안거리를 찾기가 매우 어렵습니다. 현장의 7대 낭비를 찾아보면 제안거리가 많이 나온다고 하는데 7대 낭비가 무엇인지요?

A 낭비란 부가 가치를 만들어 내지 못하는 동작을 말합니다. 즉 돈을 벌지 못하는 작업이라는 뜻이죠. 그렇기 때문에 이러한 낭비들은 아예 현장에서 싹을 없애버리거나 가능한 최소화해야 하는 것이 좋습니다.

현장의 7대 낭비란 과잉 생산의 낭비, 운반의 낭비, 재고의 낭비, 가공의 낭비, 동작의 낭비, 대기의 낭비, 부적합의 낭비를 말하며, 이에 대한 세부적인 내용은 다음 〈표〉와 같습니다. 낭비 발생의 다소의 차이는 있겠지만 대부분의 현장에서 이러한 낭비가 발생하고 있습니다. 따라서 이러한 낭비를 찾아서 개선하는 것이 제안 활동이라고 볼 수가 있습니다.

〈표〉 7대 낭비 의미와 발생 원인

NO	구분	낭비 유형	의 미	원 인
1	물건의 낭비	과잉 생산의 낭비	필요한 양보다 많이 만들거나 필요한 때보다 미리 만드는 낭비	• 과잉 인원 / 설비 • 대로트 생산 • 고성능의 대형 설비
2		운반의 낭비	불필요한 운반, 물품의 이동, 보관, 옮겨 쌓기 또는 장거리의 운반으로 인한 낭비	• 비합리적인 레이아웃 • 단순 기능공 • 좌식 작업 • 무계획적인 생산 • 운반 활성도가 낮은 경우 • 설비와 제품과의 거리
3		재고의 낭비	원자재, 완성품의 재고를 필요 이상 확보함으로써 발생하는 낭비	• 과잉 인원·설비 • 대로트 생산 • 선행 생산 • 무계획적인 생산 • 불합리한 설비 레이아웃
4	사람 · 설비의 낭비	가공의 낭비	필요 이상의 정밀한 생산 및 가공으로 인해 투입되는 시간, 비용 등의 낭비	• 공정 순서의 분석미흡 • 작업 내용의 분석미흡 • 불합리한 치구 사용 • 표준화의 미비 • 재료의 미검토
5		동작의 낭비	불필요한 동작 또는 부가 가치를 창출하지 않는 동작	• 자기만의 작업 방법 • 작업자 근성의 만연 • 불합리한 레이아웃

NO	구분	낭비 유형	의 미	원 인
			으로 인한 낭비	• 교육·훈련의 부족 • 부자연스러운 몸 동작 • 무리한 힘을 요구하는 동작 • 신체의 일부분만 사용하는 경우
6		대기의 낭비	재료 대기, 작업 대기, 운반 대기, 검사 대기 등으로 인한 낭비	• 공정 이상 • 비효율적인 설비배치 • 전 공정에서의 문제 발생 • 능력 불균형 • 대로트 생산
7	물건 · 사람 · 설비의 낭비	부적합의 낭비	재료 부적합, 가공 부적합, 클레임, 수정 등으로 인한 낭비	• 공정 중 검사 미흡 • 검사 방법, 기준 등의 미비 • 과잉 품질 • 표준 작업의 결여

〈표〉에서 제시한 사항들을 기준으로 귀사의 실태를 조사해 보면 분명히 해당되는 사항들이 있을 것이니 그것을 제거하거나 최소화하는 방법을 착안하여 제안으로 제출하시면 좋을 것 같습니다.

Q103 직원들 모두가 참여할 수 있는 제안 활동 방식이나 관리가 궁금합니다.

A 제안 활동 방식 측면에서 살펴보면 '제안'의 유형을 조정하는 방법이 있습니다.

일반적으로 제안이란 '어떤 현상에 대한 문제점과 해결 방안을 구체적으로 제시하는 것'이라 할 수 있습니다. 이에 반해 비제안이란 '어떤 현상에 대한 문제점, 불만, 불평만을 제시하고 그에 대한 해결 방안이 제시되지 못한 것'을 말합니다.

여기서 우리가 주목할 것은 '해결방안을 구체적으로 제시하는 것'이란 문구입니다. 많은 직원들이 어려워하는 부분이 바로 이것입니다. 문제점은 알겠는데 뚜렷한 대안이 없어 그냥 생각만 하고 끝나기 때문에 제안을 못하는 것이지요. 특히 사무 부문에서는 이런 경우가 현장보다 많이 발생합니다.

이를 해결하는 방법으로 제안의 유형을 두 가지로 구분하여 활동을 실시할 것을 추천하고 싶습니다.

이는 제안의 유형을 창의 제안과 단순 제안으로 구분하는 것입니다.

창의 제안이란 '어떤 문제점에 대하여 연구, 고찰, 분석, 개발 등을 실시하여 구체적인 해결 방안을 제시하는 것'을 말하며, 단순 제안이란 '단순한 지적이나 부적당한 사실을 발견하여 시정을 요구하는 것'을 말합니다.

즉 단순 제안 제도를 실시하여 간단한 지적이나 요구로 문제 해결이 가능한 것을 별도로 분류하여 관리함으로써 전 직원이 제안 활동에 참여할 수 있도록 하는 것입니다.

물론 단순 제안에 대한 평가 및 보상 방법은 창의 제안과 구분하여 실시해야 합니다.

Q104 낭비를 줄이거나 없앨 수 있는 효과적인 방법에 대해 알고 싶습니다.

A 기업 활동에 있어서 낭비 요소 제거는 거의 모든 회사가 최소화하려고 부단히 노력하고 있는 항목입니다.

요즘에는 '마른 수건도 다시 짜자'라고 하는 슬로건이 나올 정도이니까요.

필자가 생각하는 낭비 발생의 근본 원인은 '관리 부재'에 기인한다고 봅니다. 좀 더 풀어서 이야기하면 우리가 현재 얼마만큼을 가지고 있고, 얼마만큼이 적정량 인가하는 기준이 없다는 것입니다. 이는 비단 물품뿐만 아니라 업무나 작업에 있어서도 마찬가지입니다.

어떤 일을 하는데 얼마만큼의 시간이 소요되는지를 설정하고 일이나 작업량에 따라 자원이 배분되어야 하는데, 대부분 기업의 실태는 그저 열심히 몸을 움직이거나 자리를 지키고 있으면 일을 잘하는 것으로 인식되고 있습니다.

즉 낭비가 바로 옆에서 계속 발생하는데도 이를 인식하지 못하고 있다는 것이죠. 모든 기업이 그런 것은 아니지만 업무나 작업 시간에 대한 표준 시간(standard time)조차 정해져 있지 않은 기업도 많습니다.

따라서 낭비요소 제거를 위해서는 우선적으로 물품(원자재, 부자재, 소모품, 브로슈어, 카탈로그 등)에 대한 적정 재고를 정하고 주기적으로 재고 실사를 실시하세요. 일본에서 성공한 도요타 생산 시스템(Toyota Production System)의 기본원리 또한 재고 제로화에 있는 것입니다.

즉, 필요한 양만큼의 자재를 주문하고 생산하는 것이지요.

다음으로 업무의 능률을 생각해 보세요. 자신이 지금하고 있는 일이나 작업 방법이 최선인가?, 다른 회사는 어떻게 하고 있는가?, 부가 가치가 없는 일은 최소화하고 있는가? 등을 항상 염두에 두고 일을 하다 보면 많은 낭비 요소가 저절로 보이게 될 것입니다.

Q105 현장이 아닌 사무실에서의 제안 활동 대상에
는 어떤 것들이 있을까요?

A 현장 제안 활동이 주로 부적합 감소나 생산성
향상이라면 사무 부문에서는 업무 프로세스 오류
의 최소화나 신속화를 초점으로 활동하면 됩니다.

이를 위해서는 우선 본인의 업무를 빠짐없이 모두 적어
봐야 합니다. 적을 때는 누락되는 업무가 있을 수 있으므
로 직무 기술서나 업무 분장표를 참조하면 더욱 용이 할
수가 있겠죠.

다음으로는 각 업무 단위로 현재의 수행 상태를 스스로
평가해 봅니다. 일정은 준수가 되는지?, 내용이나 포맷을
바꿀 수 있는지?, 표준서와 업무 실행 상태는 일치되는
지?, 다른 회사에서는 어떻게 실행하는지? 등 현재의 상태
가 최적이 아니라는 마음을 가지고 개선점을 찾아보는 것

이 중요합니다.

대부분 업무 개선이 안 되는 이유는 그 업무를 수행 시 예전처럼 하는 것이 당연한 것으로 간수해 버리고 문제 의식을 갖지 않기 때문입니다.

생각한다는 것조차 귀찮은 것이지요. 이런 의식을 바꾸지 않는 한 어떤 문제도 발견할 수 없으며 어떤 것 또한 변화가 있을 수 없게 됩니다.

Q106 사무실에서 제안을 내기 위한 대상 업무들에는 어떤 것들이 있을까요?

 사무 부문의 제안 활동 대상이 되는 사항을 정리하면 다음 〈표〉와 같습니다.

〈표〉 사무 부분의 제안 활동 대상

구 분	테 마
총 무	1) 전화 응대 방법 개선 2) 전화 대기 시간의 단축 3) 고객 응대 방법의 표준화 4) 통신비의 절감 5) 소모품류 입출고 업무의 간소화 6) 식당 운영 만족도 조사 및 개선
인 사	1) 경력 관리 프로그램 운영 2) 출퇴근 통계 자료의 신속화, 간소화 3) 고충 처리 제도 활성화 4) 인사 파일의 데이터베이스 관리 방법 개선

구 분	테 마
	5) 교육훈련 실적 관리 방법의 개선 6) 채용 방법 개선을 통한 우수 인력 확보
경 리	1) 원가 산출 시간의 단축 2) 직무 분장 적정화에 의한 결산 업무의 일정 단축화 3) 채권 회수 기간 단축 4) 경리 계정 과목의 재조정 5) 어음 지급 방법 개선
기 획	1) 파일링 시스템 방법 개선 2) 품의 및 기안 보고서 형식의 간소화 3) 전결 권한의 현실화를 통한 업무 처리 시간 단축 4) 회의 실시 방법의 효율화 5) 경영층 회의 실시 방법 개선
전 산	1) 정보 보안 관리 방법 개선 2) 경영자 정보시스템(EIS) 개발 또는 보완 3) 전산 기록 보존 관리 방법의 표준화 4) 바이러스 사전 홍보제 실시 5) 전산 분봉 매뉴얼 작성 방법 개선 6) 지식 경영 시스템(KMS) 운영의 활성화
구매/ 자재	1) 발주품의 납기 확보 2) 자재 재고 회전율 향상 3) 재고 조사 방법의 간소화, 신속화 4) 자재 보관 방법의 개선 5) 분류 미스, 배송 미스의 감소 6) 수송 업무의 합리화에 의한 수송비의 절감 7) 외주품의 납품 방법 및 일정의 표준화

Q107 분임조나 제안 활동에 대한 현황판을 관리하는 방법과 사례를 알려 주세요.

A 분임조 활동 분위기 조성이나 선의의 경쟁을 유도하기 위해 주로 사용하는 것이 활동 현황 게시판을 통한 가시 관리(visual management)입니다.

이를 효과적으로 활용하기 위해서는 우선, 분임조 활동 현황을 가장 빨리 파악할 수 있는 관리 지표를 선정해야 합니다. 일반적으로 분임조 테마 해결 건수, 진척률, 회합률, 참여율 등을 생각할 수 있으며 분임조별 또는 월별로 이 지표들에 대한 목표와 실적을 색상 테이프 등을 이용해 표시하면 한눈에 현황을 파악할 수가 있게 되지요.

예를 들어, 분임조 활동 진척률은 분임조 활동 단계를 10단계(주제 선정, 활동 계획 수립, 현상 파악, 원인 분석, 목표 설정, 대책 수립 및 실시, 효과 파악, 표준화, 사후 관리, 반성 및 향후 계획)로 나누고, 각 분임조의 현재까지의 진행단계를 〈사진 1〉처럼 붙여 놓거나 색상 테이프를 이용해 막대로 표시합니다. 또한 우수 활동 분임조 현황이나 우수 개선 사례(요약) 등을 별도로 게시할 수도 있습니다.

일반적으로 '자주 개선 활동 현황 게시판'이란 제목의 게시판을 만들어 제안, 분임조, 표준, 교육 실적 등과 관련한 중요 관리 항목을 1개씩 선정하고, 게시판에 이의 실적을 표시해 관리하고 있습니다.

〈사진 1〉 분임조 현황판 사례

이에 반해 제안 활동 현황은 분임조처럼 집단 활동이 아니므로 〈사진 2〉와 같이 개인별로 어느 정도의 제안을 제출하고 있는지를 보여주는 것이 좋습니다.

현황판 공간에 여유가 있다면 개인별로 목표 대비 실적, 부서별 목표 대비 실적을 나타내서 모든 직원들이 개인이나 부서 단위의 실적을 보게 하여 선의의 경쟁을 유도하는 방법이 좋습니다.

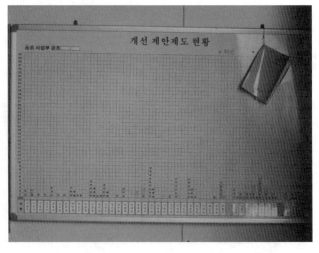

〈사진 2〉 제안 현황판 사례

Q108 개선 활동이 잘 진행되지 않고 있습니다. 분임 조원들의 마음을 단합시킬 수 있는 좋은 방법을 알려 주십시오.

A 분임조 활동에서 가장 중요하면서도 가장 어려운 문제로군요.

분임조는 팀워크를 전제로 한 활동으로 각 분임조원 간에 단합이 무엇보다 중요합니다. 단합이 되지 않는 분임조를 살펴보면 각자의 개성이 뚜렷해서 그런지 몰라도 저마나 자기의 목소리를 내세우려만 하지 다른 분임 조원의 의견에 동참하려 하지 않습니다.

이것은 분임조 활동의 기본인 브레인스토밍이 되지 않고 있는 것 입니다. 분임조 교육이나 QM 교육 시 브레인스토밍 원칙을 수없이 들어왔지만 머리로만 받아들였지 가슴으로 받아들이지 못했다는 증거입니다. 귀 분임조도 분임 토의 시 브레인스토밍 원칙이 어느 정도 준수되고 있는지를 자문하여 보시기 바랍니다.

다음으로 분임조원 간의 인간관계 측면도 고려해 볼 필요가 있습니다.

필자가 예전에 지도했던 회사의 경우 분임조원 간의 연령차가 많아 단합이 어려운 경우가 있었습니다. 필자는 우선 분임 토의 시 테마 활동 진행은 뒤로 한 채 서로의 토론과 화합의 장을 우선 만들었습니다.

정치·경제·사회 이야기, 가정 이야기, 취미 활동 등을 이야기를 통하여 서로의 마음을 열게 하였고 저녁 퇴근 후 회식 모임이나 주말 야유회 등을 실시하여 공감대 형성에 주력하였던 것입니다.

이렇게 2개월 정도를 지낸 후 테마 활동을 진행하니 의견도 많이 나오고 분임조원 간의 이해심도 깊어졌습니다. 이후 분임조 활동은 순조롭게 진행되었고 전국 품질분임조 경진대회까지 출전하여 좋은 성적으로 수상한 경험이 있습니다.

Q109 제안의 질을 높이는 방법에는 어떤 것들이 있을까요?

A 제안의 질을 높이기 위해서는 우선 양적으로 많은 제안을 제출하여야 합니다. 양적으로 많아지면 질적으로도 좋은 제안들이 저절로 나오게 되지요.

단지 회사 차원에서 제안의 질에 대한 수준 평가를 위하여는 여러 가지의 관리 항목을 설정하여 관리함으로써 제안을 하는 직원들이 질적 수준을 좀 더 높일 수 있습니다.

우선 제안의 질을 파악할 수 있는 평가 항목을 설정하고 자사의 제안실적을 평가해 봅니다. 제안의 질을 파악할 수 있는 평가 항목으로는 '제안 채택률'과 '등급별 제안 비율' 입니다.

'제안 채택률'이 전체 제출된 제안 중 얼마만큼이 채택되는지를 한 번에 볼 수 있는 지표라면, 등급별 제안 비율은 채택된 제안만을 대상으로 하여 제안의 등급별 분포를 자세하게 평가해 볼 수 있는 지표입니다.

따라서 등급별 제안 비율을 관리하면 채택된 제안이 어느 정도 레벨에 많이 위치하고 있는지를 파악할 수 있으며, 이 결과를 토대로 좀 더 제안을 질을 높이기 위한 정책을 수립할 수 있습니다.

제안 활동의 질적 수준 평가를 위한 테이블을 제시하면 다음 〈표〉와 같습니다.

〈표〉 제안 활동 질적 평가 시트 사례

				건수 / 점유율				
구　분	단위	산 출 식	( )년*	( )년	( )년	( )년	( )년
1	채택률	%	(채택 건수/ 제출건수)×100					
2	등급별 제안 건수 및 비율	건, (%)	( )급					
			( )급					
			( )급					
			( )급					
			( )급					
			( )급					
			( )급					
			( )급					
			( )급					
			( )급					

※ '년'은 회사 여건에 따라 월 또는 분기로 변경해도 됩니다.

다음으로는 제안에 대한 교육이 필요합니다.

제안의 질을 높이기 위하여는 제안 활동의 취지, 아이디어 발상법, 제안 우수 사례 등에 대한 교육을 꾸준히 병행함으로써 제안자의 마인드를 향상시켜야 합니다.

마지막으로 동기 부여 차원에서 인센티브 제도를 적절히 시행해야 합니다.

우수 제안에 대하여는 정확한 평가를 통하여 회사에 기여한 만큼 개인에게도 상응한 보상 제도가 제안의 질을 향상시키는데 많은 기여를 할 수 있습니다.

Q110 회사 제안 실적을 보면 대부분 여직원들의 실적
이 남자 직원보다 저조한데, 창의력에 대해 남녀 간
에 근본적인 차이가 있는 건가요?

A 여성은 남성보다 창조적인 면에서 뒤진다고 흔
히 이야기합니다. 실제로 회사의 제안 실적을 봐
도 그런 경우가 많기는 합니다. 하지만 과학적으로는 남성
이 여성보다 고도의 지능을 나타낸다는 증거는 아직까지
없습니다.

다만, 남성은 수학과 분야에서, 여성은 언어 분야에서
약간 우수하다고 알려졌으나, 이는 어디까지나 추론적인
가정이며 논란의 여지가 많기도 합니다.

심리학자들의 검사에 의하면, 창의력에 있어서 남성과
여성 간의 차이는 나타나지 않는다고 하였으며, 미국의 한
재단에서도 약 700여 명을 조사한 결과, 남성보다 여성쪽
이 오히려 평균적인 창조력이 40% 정도 높다는 것으로 나

타나기도 했습니다.

그런데 여직원들의 제안 실적이 저조한 이유가 필자의 생각으로는 회사의 담당 업무가 주로 여직원들은 단순 반복 업무에 많이 종사하다 보니 업무를 접하는 시야가 좁아 개선 아이디어를 찾는데 다소 불리할 수도 있습니다.

하지만 필자가 컨설팅을 통해 많은 기업을 접하고 있어 제안 활동 우수자들은 살펴보면 그들은 성별보다는 각 개인이 얼마나 문제 의식을 갖고 업무를 하고 있느냐에 중요한 차이가 있었습니다.

따라서 자신 앞에 일어나고 있는 모든 일을 문제 의식을 가지고 살펴보면 보이지 않던 많은 아이디어가 생긴다는 것을 가장 중요하게 인식해야 할 것 같습니다.

불채택 제안의 활용 방안에 대해 알고 싶습니다. 사장되는 것이 맞는지, 일정 기간 보관하는 것이 맞는지 타사 사례를 비교해 주세요.

A 불채택 제안이라 하면 주로 실시 제안보다는 아이디어 제안에서 많이 발생하는 문제로서, 회사의 제안 발생 건수나 제안 업무의 전산화 여부에 따라 판단해야 할 것 같습니다. 그러나 기본적으로는 불채택된 제안에 대하여는 보관할 필요가 없다고 생각합니다.

군이 불채택 제안의 보관이 필요한 경우라면

첫째, 어떤 채택 제안이 과거에 불채택되었는데 검토자의 주관에 따라 채택되었을 경우 채택의 타당성을 검토하는데 필요합니다.

때로는 직원들 간의 친분 관계에 따라 의도적인 채택을 실시한다던지, 불채택시키는 경우를 방지하는데 활용할 수 있기 때문입니다.

둘째, 회사의 정책 변화나 시대적인 변화에 따라 과거에는 불채택되었던 제안이 새로운 사람에 의해 다시 제안되어 채택되는 경우 과거 제안의 유효성 문제를 판단하기 위해 필요합니다.

셋째, 제안 건수 목표를 달성하기 위하여 의도적으로 과거에 불채택된 제안을 계속 반복해서 제출하는 경우를 방지하기 위해 필요합니다.

제안 활동을 활발하게 하는 회사에 대한 제안서의 보관 사례는 다음 〈표〉와 같습니다.

〈**표**〉 제안서 보관 기준 사례

● KA사

제안 구분	제안 등급	보관(보존) 기간	비 고
채택 제안	특급 - 4급	3년 (주관 부서 보관)	- 주로 실시 제안 위주의 제안임 - 제안 관리 대장(제안자, 채택·불채택 여부, 평 점, 포상액등)은 전산화 되어 영구 보관 중임
	5급	1년 (제안 부서 보관)	
불채택 제안	–	1년 (제안 부서 보관)	

● N사

제안 구분	제안 등급	보관(보존) 기간	비고
채택 제안	모든 제안	4년 (주관 부서 보관)	- 주로 실시 제안 위주 제안임 - 1년은 사무실 보관, 3년은 문서 창고 보관 - 2013.2.1일부터 모든 제안서를 웹으로 작성 제출함으로써, 모든 제안서 영구 보관 중임
불채택 제안			

● YK사

제안 구분	제안 등급	보관(보존) 기간	비고
채택 제안	모든 제안	영구 보관	- 아이디어 제안, 실시 제안 병행 - 제안 채택에서 포상까지 발생된 문서(제안 평가서, 제안 실시 계획서, 심의 의뢰서등)는 3년간 보관
불채택 제안		제안자에게 회신 (보관 기간 개인 자유)	

Q112 제안 실적 관리는 어떻게 해야 합니까?

A 제안 실적은 크게 구분해서 양과 질의 관리가 필요하다고 할 수 있습니다.

양이란 말 그대로 제안의 건수를 관리하는 것으로 직원들이 얼마나 제안에 대하여 관심을 갖고 있는가를 가늠해 볼 수 있는 잣대입니다.

질이란 제안의 눈높이를 보기 위한 것이라 할 수 있지요. 직원들이 얼마나 열심히 탐구하구 고민해서 그야말로 획기적인 제안을 하고 있는가를 볼 수가 있습니다.

따라서 양과 질 모두가 중요한 관리 포인트가 될 수 있습니다. 하지만 일반적으로 제안 제도를 도입하는 회사라면 양의 관리를 하는 것이 좋으며, 어느 정도 제안 건수가 안정화되면 질의 관리를 시작하는 것이 바람직합니다.

Q113 성과 지표 도출로 연계하여 제안 활동을 유도
하려는데, 그 구체적인 방법론을 알고 싶습니다.

A 우선 제안 활동과 관련된 과정 지표와 성과 지
표를 선정해야 합니다.

과정 지표라 함은 제안 활동의 수준을 질적으로나 양적
으로 평가할 수 있는 항목을 말하며, 성과 지표라 함은 제
안 활동 결과로 인하여 회사 경영 이익 창출에 얼마나 기
여했는가를 평가하는 항목이라고 할 수 있습니다.

일반적으로 제안 활동과 관련하여 많이 사용되는 관리
지표와 성과 지표를 정리해 보면 다음 〈표〉와 같습니다.

〈표〉 과정 지표 및 성과 지표 사례

구 분	지 표 명	산 출 식	비 고
과정 지표	편성률	(제안 대상 인원/종인원) × 100	
	총제안 건수	해당 기간 내에 제출된 총제안 건수	
	인당 제안 건수	제안 건수/제안 대상 인원	
	참여율	(제안 제출 인원/제안 대상 인원) × 100	월 단위 산출 필요
	채택률	(제안 채택 건수/제안 건수) × 100	
	실시율	(제안 실시 건수/제안 채택 건수) × 100	모두 실시 제안일 경우는 필요 없음
	건당 처리 기간	Σ건별 제안 처리 기간/제안 채택 건수	
	인당 교육 시간	제안 교육 시간/제안 대상 인원	
	총포상 금액	해닝 기간 내에 포상된 총금액	
	인당 포상 금액	총포상 금액/제안 대상 인원	
성과 지표	유형 효과 금액	총원가 절감액	
	인당 효과 금액	총원가 절감액/제안 대상 인원	

앞의 〈표〉와 같이 설정된 관리 지표 및 성과 지표에 대하여는 월, 분기, 반기, 년 단위로 실적을 분석해야 합니다.

분석 방법은 월별 추이, 부서별 실적, 목표 대비 달성률, 개인별, 라인별, 경력별 등 자사 실정에 맞는 층별을 실시하여 산출하면 됩니다.

이렇게 산출된 결과를 반드시 대표이사(또는 공장장)를 모시고 브리핑하면 제안 활동 활성화에 효과가 있습니다.

만약 직접 브리핑하기 어려운 경우라면 보고서라도 반드시 결재를 받아야 합니다.

Q114 개선 및 제안 활동이 1회성으로 끝나지 않고 지속될 수 있는 방법과 자발적 참여가 이루어질 수 있는 방법에는 어떤 것들이 있을까요?

A 1회성으로 끝난다는 것은 개선 및 제안 활동이 시스템화되어 있지 않다는 얘기입니다. 시스템화란 어떤 업무가 누가 항상 시키거나 지적할 때만 시행되는 것이 아니라, 회사의 생산 라인 활동처럼 아침에 출근하면 기계의 시동을 걸고 생산 준비를 하고 생산 작업을 시행하는 것과 같이 자연스럽게 실시되는 상태를 말합니다.

이렇게 되기 위해서는

첫째로 경영층의 의지가 필요합니다.

개선 및 제안 활동도 생산 작업의 일환으로 생각해야 합니다. 시간이 나면 실시하고 바쁘면 안 하는 식의 사고 방식으로는 절대로 개선 및 제안 활동이 정착될 수 없습니다.

둘째로 개선 및 제안 활동의 주관 부서 추진력이 필요합니다.

개선 및 제안 활동에 대해 연초 사업 계획을 수립하고 이를 기준으로 주기적인 실적 관리를 실시하여 종합적인 추진 내용을 경영층 보고해야 합니다.

셋째로 주기적인 교육 훈련이 필요합니다.

개선 및 제안 활동의 진정한 위미와 필요성을 인식하기 위하여는 우선 경영층이 교육을 받고, 직원들에 대한 교육 기회를 차수별로 설정하여 누구나 한 번 정도는 교육에 참여할 수 있도록 해야 합니다.

직원들의 사외 교육 수강이 경제적인 여건상 어렵다면 전문 강사를 사내에 초빙하거나 사내 직원 중에서 능력이 있다고 판단되는 사람을 사내 강사로 지정하며 지속적인 교육이 실시될 수 있도록 해야 합니다.

Q115 제안 활동 규정을 작성하려 하는데 어떤 내용
들이 들어가야 하는지 궁금합니다.

A 제안 활동 규정뿐만 아니라 어떤 일에 대한 표
준을 만들려고 할 경우에는 우선적으로 그 일에
대한 처음과 끝을 머릿속에 차근차근 그려 보는 것이 중요
합니다. 즉 그 일에 대한 시작과 끝을 생각해 보라는 것입
니다.

그때 그려지는 모습이 바로 나중에 업무 규정의 핵심이
되는 부분인 업무 절차가 되기 때문입니다.

이외에도 제안의 범위, 포상 방법, 실적 관리 방법 등에
대해서도 규정에 기술해야 합니다. 일반적으로 제안 규정
에 나타내야 할 항목들을 다음 〈표〉에 소개 드리니 참고하
시기 바랍니다.

〈표〉 제안 규정 기술 항목

NO	항 목	내 용	비 고
1	적용 범위	표준이 적용되는 제품이나 사업장에 대해 기술	·A제품, B제품 ·1공장, 2공장
2	목 적	표준을 제정함으로써 기업의 품질이나 생산성에 미치는 영향을 기술	
3	용어의 정의	같은 회사 직원으로서 의미를 해석하기 힘들거나 용어의 해석이 차이가 발생할 수 있는 단어에 대해 기술	아이디어 제안, 실시 제안, 창의 제안, 단순 제안, 메모 제안 등
4	제안 대상 및 제안자 범위	제안을 할 수 있는 대상 영역에 대해 기술하고 제안 활동에 참여할 수 있는 자의 범위에 대해 기술	·제안 대상 신제품 개발 등을 위해 회사 경영에 유익하다고 인정되며, 건설적이고 구체적인 내용이 있는 것을 제안의 대상으로 한다. ·제안자 범위 제안자는 당사에 근무하는 정규직 사원, 비정규직 사원 및 협력사 직원으로 한다.
5	책임과 권한	제안 활동과 관련하여 경영자, 제안 위원회, 주관부서, 관련 부서, 제안자	조직 및 기능을 도식화하여 첨부할 수 도 있음

NO	항 목	내 용	비 고
		등에 대해 책임과 권한을 명확히 기술	
6	제안의 처리 절차	제안서 제출, 검토, 실시, 효과 파악, 평점 방법 등에 대한 구체적인 방법을 기술	
7	이의 신청	제안 심사 결과에 대해 제안자로서 이의가 있을 시 이의 신청 및 처리 절차에 대해 기술	일반적으로 이의 신청 횟수는 1회로 제한
8	포 상	우수 제안자 및 우수 제안 부서에 대해 상금 또는 상품 포상 방법 기술	인사 고과 반영도 포상내역에 포함될 수 있음
9	실적 관리	직원들의 제안 활동 현황에 대해 개인별, 부서별 실적 관리 방법 기술	*일반적인 실적 지표 ·인당 제안 건수 ·제안 채택률 ·제안 실시률 ·제안 참여률 ·유형 효과 금액 등
10	기 타	·권리 승계 ·제안 위원회 운영 ·제안 실적 및 홍보	일반적으로 접수된 제안에 대하여 일체의 권리는 접수일로부터 회사에 귀속된다.

Q116

저희 회사에서도 실시 제안을 실시하고 있으나 좋은 아이디어가 있어도 사장되는 경우가 많습니다. 이런 것을 방지하기 위해 아이디어 제안을 활성화 하는 방안이 있는지요?

A

일반적으로 제안 내용의 실시 여부에 따라 아이디어 제안과 실시 제안으로 구분합니다. 아이디어 제안이란 '사전 제안'이라고도 하며 제안 내용에 대하여 실시는 하지 않은 상태에서 제출하는 제안을 말하며, 실시 제안이란 '사후제안'이라 하여 제안 내용을 실시 후에 제안을 하는 것을 말합니다.

따라서 회사 차원에서는 아이디어 제안보다는 실시 제안이 효과 파악이 분명하고, 제안에 대한 사후 관리 또한 수월하기 때문에 실시 제안을 권장하고 있습니다.

하지만 한 가지 주의할 것이 있습니다.

필자가 제안 제도에 대하여 기업을 진단하거나 컨설팅할 때 많이 발견되는 것이 실시 제안을 많이 시행하고 있는 회사의 대부분이 무언가 잘못된 제안 제도를 운영하고 있다는 것입니다.

실시 제안 내용들을 살펴보면 대부분이 본인의 업무를 좀 더 효율적으로 수행하기 위한 것이나 타인의 업무 중 개선해야 할 것을 제안한 것이 아니라, 그 업무를 수행하려면 당연히 해야 할 업무에 대한 내용이 대부분을 차지하고 있다는 것이었습니다.

제안 제도의 근본적인 취지는 업무(작업)에 대한 Q(Quality), C(Cost), D(Delivery), S(Safety), M(Morale), P(Productivity)의 향상에 있습니다.

제안 제도 없이도 당연히 수행되는 사항이라면 굳이 기업에서 시간과 비용을 투자해 제안 제도를 운영하겠습니까?

올바른 제안 제도 정착을 위해서는 제안 부서의 부서장이 사전에 제출된 제안을 꼼꼼히 체크하여야 하며 제안 사무국(또는 주관 부문)에서도 아이디어 제안에 대한 실시율을 별도의 성과 지표로 설정하여 다음 〈표〉와 같이 관리하는 것이 필요합니다.

〈표〉 아이디어 제안 실시율 관리 시트

구 분		단위	산 출 식	'09년	'10년	'11년	'12년	'13년
a	제안 건수	건	∑아이디어 제안 건수					
b	채택 건수	건	∑제안 채택 건수					
c	채택률	%	(b/a) × 100					
d	실시 건수	건	∑제안 실시 건수					
e	실시율	%	(d/b) × 100					

한 가지 더 첨가한다면 아이디어 제안 실시율에 대하여
도 자기 본연의 업무에 대한 개선이 아니라 타인(동료직
원)의 업무에 대하여 얼마나 많은 개선 제안이 제출되고
있으며, 이 제출된 제안 중 얼마만큼이 채택되어 실시되는
지를 관리하면 더욱 향상된 제안 제도 운영이 가능하리라
생각합니다.

Q117 우리 회사는 올해 분임조와 제안 활동을 처음 시작했습니다. 중간에 업무를 주관하는 담당자가 교체되다 보니 일이 잘 진행되질 않습니다, 이럴 땐 어떻게 해야 하는지요?

A 제안·분임조뿐만 아니라 회사의 어떤 업무라도 언젠가는 주관 담당자는 바뀌게 되어있지만 업무는 중지되지 않고 계속 진행되게 됩니다.

이는 회사라는 것이 개인이 일을 하는 것 같지만 실제적으로는 조직이 일하는 특성을 갖고 있기 때문입니다.

많은 사람이 입사하고 퇴사해도 회사가 건재한 것이 바로 이런 것을 증명할 수 있는 좋은 예가 될 수도 있습니다.

단지 사람의 잦은 이동이 없이 안정된 업무가 실시될 수 있다면 좀 더 회사 업무가 레벨업되고 업무의 질도 빨리 향상될 수 있습니다.

단지 귀사의 예는 제안·분임조 업무가 초창기에 막 발돋음하려고 하는데 주관자가 바뀌어 좀 더 애로 사항이 많으리라 생각됩니다.

이때는 무엇보다 새로 주관 업무를 인수받은 사람의 역할이 무척 중요합니다.

새로 업무를 인수받은 사람의 제안·분임조 업무에 대한 지식이 어느 정도인지는 모르겠지만 다음에 필자가 제시하는 몇 가지 사항을 참고하여 조기에 업무가 정상화 될 수 있도록 배가의 노력을 할 것을 부탁하고자 합니다.

첫째, 전임자와 만나 정확한 인수 인계 실시

둘째, 분임조원들과 1:1 면담 실시

　　　　(제안, 분임조 활동상에 애로 사항 청취)

셋째, 제안과 분임조 활동에 대한 지식 습득

　　　　(QC 7가지 기법, 신QC 7가지 비법, 아이디어 발상 기법 등)

제안에 대해 전혀 모르는데 추진자의 역할에 대해 알려 주세요.

A 　　제안 추진자는 기본적으로 제안 제도 운영 방법에 대한 지식은 기본적으로 습득하고 회사 전체의 제안 활동에 대한 경영을 해야 합니다.

한마디로 제안 업무에 대해서는 그 회사의 사장 역할을 해야 하는 것이지요.

제안 추진자가 실행해야 할 내용을 간추려 보면 다음과 같습니다.

첫째, 제안에 관한 제도 구축 및 방침 명확화

　1) 연도 방침

　2) 연도 제안 추진 계획

　3) 제안 제도 운영 규정

둘째, 제안 활성화를 위한 분위기 조성 및 홍보

1) 행사(전시회, 발표회, 조회)

2) VTR, 사례집

셋째, 제안 제출자에 대한 상담 지도

1) 제안의 현실성

2) 제안의 독창성

3) 제안의 실시 가능성 및 기타

넷째, 제안 절차 및 제안 제도 운영 전반에 대한 교육

1) 사내 교육

2) 사외 교육

다섯째, 문제 발견 및 개선 아이디어 발상에 관한 훈련

1) 브레이스토밍

2) 브레인라이팅

3) 오스본의 체크리스트

4) 속성열거법

5) 고든법

6) 기타

여섯째, 제안서 작성법 지도 및 조언

1) 문제점

2) 개선안

3) 실시 효과

일곱째, 부서 제안 목표 및 실적 관리

　1) 월·분기·반기·년

　2) 건수·채택률·참여율·실시율

여덟째, 제안에 대한 공정하고 신속한 심사

　1) 학연·지연 배제

　2) 업무 처리 우선 순위

아홉째, 우수 제안의 실시를 통한 효과 산출 및 홍보

　1) 전시회

　2) 사례집

제안 활동을 활성화하기 위해 할 수 있는 일
들에는 어떤 것들이 있을까요?

A 분임조 활동에 의한 제안 활성화, 개막 행사,
제안 제도 활동의 PR, 제안 강조의 달. 과제 제안
시행, 우수 제안 전시회. 제안 발표 대회, 제안 활동의 인
센티브 설정, 제안 활동 추진 위원회의 운영, 계몽 활동.
교육 활동 등 회사 실정에 맞추어 다양한 운영 방안을 모
색해야 합니다.

이들에 대해 간략히 설명을 드리면 다음 표와 같습니다.

〈표〉 제안 활동 활성화 운영 방안

항 목	내 용
1 분임조 활동에 의한 제안 활성화	① 단독 사고(單獨思考)에 비해 집단 사고(集團思考)가 아이디어 발상에 효과적 ② VE 개선에도 집단 사고가 효과적 ③ 개선 테마가 있는 곳은 모두 제안 활동의 현장

항 목	내 용
2 개막 행사	① 연초 회사 행사 시 병행(시무식) ② 전년 실적 발표 및 우수 제안자 시상
3 제안 제도 활동의 PR	① 개선 사례집 제작 ② 제안 관련 각종 자료는 개선점 발견을 위한 체크리스트로 활용 ③ 심벌 마크, 휘장, 깃발 등을 제작 · 게시 ④ 사보를 통한 제안 활동의 PR ⑤ 제안 활동에 대한 사내 전문지 발행 ⑥ 개선 사례에 대한 VTR 제작 · 방영
4 제안 강조의 달. 과제 제안	① 제안 강조의 달 설정 ② 과제 제안 실시
5 전시회	① 개선 전 · 후의 현품 전시 ② 반기 또는 연 1회 이상 개최 ③ 전시회 종료 후 진열 자료를 일정 기간 현장에 전시
6 발표회	① 경영자를 초빙한 발표회 실시 ② 반기 또는 연 1회 이상 개최
7 제안 활동의 인센티브 설정	① 최다 제안자, 최우수 제안사 포상 ② 월 · 분기 · 반기 · 연 단위 실시
8 제안 활동 추진 위원회 운영	① 월 1회 이상 반드시 개최 ② TQM 사무국은 데이터 집계에서 벗어나 분석 자료 보고
9 계몽 활동. 교육 활동	① 계몽 활동 : 강연회, 전시회, 발표회 ② 교육 활동 : 일반 제안자 교육 과정, TQM 사무국 요원 교육 과정 개설

Q120 제안 활동을 하는데 있어서 발생할 수 있는 문제점과 개선 방안은 어떤 것들이 있는지요?

A 제안 제도를 추진하다 보면 여러 가지 문제가 발생하기 마련입니다.

이를 효율적으로 극복하고, 제안 제도가 지속적으로 레벨업되게 하기 위하여 문제점 발생 시 이에 대한 현명한 대처가 필요합니다.

일반적으로 각 회사에서 제안 제도 운영 시 발생되는 문제점과 개선 방안을 제시하오니 참고하시기 바랍니다.

문제점

구분	문제점 내용
양의 문제	1) 제안 건수가 늘지 않는다. 2) 제안을 하는 사람은 늘 정해져 있다. 3) 특정 부문에 치우침이 있다. 4) 시기적으로 치우쳐 있다.
건수 증가 문제	1) 사무 처리의 부담 2) 심사 처리 능력의 문제 3) 실시가 잘 안 됨
질의 문제	1) 제안의 목적에 전혀 부합되지 않는 제안이 있다. 2) 요망 사항에 불과한 것들이 많다. 3) 오직 건수 채우기에 급급하다. 4) 건수 증대에 노력하다 보면 질은 상대적으로 저하 5) 건수에 대해 우대하다 보면 질은 상대적으로 저하 6) 신제품 개발에 대한 제안이 거의없다.

원 인

구분	주요 요인
의식 부족	1) 제안자의 의식 부족(적극적인 참여자세 결여, 귀찮아서 안 함) 2) 리더 또는 관리자에게 의존하려는 습관.
제도 측면	1) 부서 간의 업무 협조 부족(직접 부서, 간접 부서) 2) 직제 간의 업무 협조가 부족(심사, 효과 파악, 사후 관리) 3) 홍보 또는 교육의 부족. 4) 전임 담당자가 부족 5) 실시 체계에 문제가 있다. (조직의 능력 부족, 채택 제안의 미실시, 구체화 검토 단계 미흡) 6) 제도의 운영 방침이 편중되어 있다. (분임조 활동, 건수 지향, 작업 개선에 편중)

구 분	대책 내용
교 육	1) 제안자에 대한 교육 실시 • 문제 발견 능력 향상 • 신입 사원 교육 • 기존 사원 재교육 2) 제안 활동 핵심 요원 양성 • 제안 지도 요원 임명 • 운영
행 사	1) 캠페인 활동 전개 • 제안의 날, Thinking day, 표어/포스터 공모 2) 홍보 강화 • 사보, 게시판(현황판), 제안 사례집 3) 제안 발표회, 전시회, 제안 교류회 실시
제도 개선	1) 제안 제도 운영 규정 개선 • 인센티브, 처리플로 2) 목표치에 의한 관리 • 개인별 • 부서별 • 공장별 실적 비교 3) 실시 체계 및 사후 관리 체계 강화
기 타	1) 사무국 스태프의 활동 강화 2) 제안 실시 촉진 방안의 수립 및 전개 3) 소집단 활동(QCC)과의 연계 활동으로 전개

Q121
　　개선 제안의 경우 가장 어려운 점은 실시 부서가 공무(또는 보전) 부서로 집중되는 것입니다. 그래서 직접 개선 제안을 했을 경우 포상금을 많이 주는 쪽으로 유도하는데 잘 되지 않습니다. 이에 대한 좋은 조언이 있으면 알려 주세요.

A
　　지금의 문제점은 포상금으로 해결할 문제는 아닌 것 같습니다.

문제점 해결을 위하여는 좀 더 시스템적인 접근이 필요합니다. 우선 제안 제도 운영에 대한 업무 처리 절차를 재검토하는 것이 좋습니다. 각 부서에서 제안하는 내용의 검토를 다음과 같이 분류합니다.

첫째, 제안 부서에서 실시 가능한 제안인가?

둘째, 공무 부서에서만 실시 가능한 제안인가?

셋째, 제안 부서 또는 공무 부서에서 모두 실시 가능한 제안인가?

첫째에 해당되는 제안일 경우에는 제안 검토 부서(공무 부서)에서 제안 검토 시 제안 부서에서 실시 가능한 사유와 실시 방법을 코멘트하여 제안자에게 회송하도록 해야 하며, 추가적으로 제안자의 부서장에게 제안 발생 시 1차 검토를 요청하여 제안 부서에서 실시 가능한 제안일 경우에는 사전 제안 내용을 실시 후 제안 관리 주관 부서에 통보하도록 요청하십시오. 이것이 일반적으로 말하는 '실시 제안' 제도입니다.

둘째에 해당되는 제안일 경우에는 공무 부서에서 당연히 실시하도록 해야 합니다.

단지 이런 유형의 제안이 많을 경우 제안 실시자는 부서의 고유 업무 진행이 어려울 수 있으므로 공무 부서장에게 제안 실시에 관련된 사항을 직접 방문하여 설명 후 필요시 업무 분장의 배려를 요청하는 것이 좋습니다.

셋째에 해당되는 제안일 경우에는 '자주제작실'을 운영해보십시오.

자주 제작실이란 제안 실시에 필요한 일반적인 장비와 재료들을 회사 차원에서 미리 비치하여 놓고 제안자가 자유롭게 자기가 구상한 제안 사항을 구현하여 실시해 보도록 하는 제도로서, 아마 귀사의 경우에는 이 경우에 해당되는 제안이 많은 것으로 보입니다.

Q122 개선 및 제안 활동을 활성화하기 위한 특별 이벤트에는 어떠한 것들이 있습니까?

A 제안 활동이 강제적으로 목표가 할당되고 이에 대한 업무 개선 제안을 찾다보면 제안 제도가 더 힘들어지게 되고 모든 직원들이 식상해 할 수 있습니다.

이럴 때 제안 분위기를 바꿀 수 있는 것이 이벤트 활동이라 볼 수 있으며, 이를 통해 다시 제안 제도에 대한 흥미를 유발시켜 제안 활동 활성화에 기폭제 역할을 하게 할 수도 있습니다.

필자 경험상이나 이론적으로 생각하고 있는 각종 제안 활동에 대한 이벤트 활동 아이디어를 다음 〈표〉에 소개하오니 참조하여 귀사의 제안 활동에 적용해 보시기 바랍니다.

〈표〉 제안 활동 활성화 이벤트

NO	이벤트	내 용	비 고
1	퀴즈 골든벨	제안 활동과 관련된 상식 문제를 출제하여 마지막 1인이 선정되면 골든벨을 울리게 한다.	집단 미팅
2	제안 퀴즈	회사 사보나 회보, 기타 회람지 내에 제안 제도와 관련된 퀴즈를 게재 후 정답자를 추첨하여 포상하는 제도	퀴즈 내용은 가능한 쉽게 출제
	제안 퀴즈 경진 대회	각 부서별 대표자를 한 명씩 선발하여 '장학퀴즈' 형식을 사용하여 제안 퀴즈 대회 실시	가능하면 공장장 이상급 임원 참석 요청
3	행운의 제안 번호	제안의 활성화를 위한 인센티브로 특정 번호를 지정, 등록되는 제안자에게 상품을 지급한다. 예) 9월 5일이면 끝자리가 95로 끝나는 제안 번호의 제안자를 선정 시상 한다	
4	제안 연하장 보내기	연말일 경우에 자기가 평소에 도움을 받았던 직원이나 상사, 후배에게 메모 제안지로 인사를 전하게 하며, 이를 제안 실적으로 등록한다.	연하장 1건에 제안 참가상 인정

NO	이벤트	내 용	비 고
5	치공구 제작 콘테스트	제안으로 제작된 각종 치공구를 출품하게 하여 관리자나 임원을 모시고 경진 대회를 실시	
6	OPL(One Point Lesson) 시트사례 공모전	일정 기간 OPL 시트를 제출받아 심사를 통하여 우수 사례를 발굴, 홍보 및 교재로 활용한다.	• 우수 OPL 포상 • OPL 1건에 제안 참가상 인정
7	제안의 달 운영	특정 월을 정하여 그달에 제출하는 제안에 대하여는 인센티브를 부여한다.	제안 건수, 포상 점수 등
8	사내 발명 개선 사례 공모전	개선 사례 및 개선(안)을 축소된 모형품을 일정 기간 공모받아 우수 사례를 발굴·시상한다.	
9	표어·포스터 공모전	제안과 관련된 주제를 선정하여 1개월 이내 공모 기간을 두고 모집하여 사내 게시하고 포상도 실시한다.	
10	원가 절감 10일 작전	공모 기간(10일) 동안 공모 내용에 따른 아이디어를 집중적으로 접수받는다.	과제 제안
11	자주 제작 공모전(콘테스트)	아크릴, 철판류 제작, 배관, 파이프 작업, 안전 펜스 설치 등 현업에서 자율	미제출 제안에 대해서만 적용

NO	이벤트	내 용	비 고
		적으로 개선한 사례를 일 정 기간 공모하여 우수 작 품을 선정, 시상한다.	
12	생활 속의 제안 공모 (콘테스트)	회사 업무를 떠나 각자 개 인의 사생활에서 발견한 아이디어를 접수받아 홍 보함으로써 개인 생활의 질을 높인다.	별도 평가 기준 적용
13	신문고 제안	상사, 부하, 동기 간에 평소 에 하고 싶던 말을 제안서 에 작성하여 서로의 업무 유대 관계를 돈독하게 한다.	제안 참가상 인정
14	커플 제안	자기가 평소에 신세를 지 고 있거나 관심을 갖고 있 는 사람끼리 서로 제안을 한 가지씩 서로 써주어 대 신 제출해 주는 제안 제도	• 남녀 간이면 더욱 좋음 • 제안 참가상 인정
15	생일 제안 우대	본인의 생일날 제출된 제 안이 채택되었을 때 기존 포상액의 2배를 지급해 주는 제도	주관 부서에서 개인의 생일(음력 또는 양력)을 관리해야 하는 부담이 발생
16	기 타	• 월 단위 우수 제안자에 대해 조회 시 포상 • 전년도 최우수 제안자 사진 부착(식당) • 우수 제안자 등급별 자 격증 부여 제도 등	

제안 건수를 층별해 본 결과 여자 직원이 남자 보다 실적이 항상 저조합니다 혹시 남녀간에 창의 력에 차이점이 있는지요?

A 의학적으로 남성의 평균 뇌 무게는 1.35kg이고 여성의 평균 뇌 무게는 1.21kg라는 조사 결과가 나와 있으나, 이를 남·녀 신체 무게에 대한 뇌 무게의 비율로 나타내 보면 남녀가 거의 동일한 수치가 나옵니다. 즉 창의력 측면에서 근본적으로 남자와 여자의 차이는 없다고 봐야 한다는 것입니다.

단지 대부분의 회사에서의 제안 실적을 보면 귀사처럼 남자 직원들의 실적이 우수한 것이 사실입니다 이에 대한 근본적인 원인은 바로 남녀 간의 업무 수행의 깊이와 폭에 차이가 있다고 봐야 합니다.

창조력이 요구되거나 복잡한 부서 간의 문제를 다루는 업무는 주로 남자들이 수행하고 있는 것에 반하여 여성들은 주로 현장에서 한 개의 단순 반복 공정에서 일을 하거나 사무직군에서도 대체로 단순 반복적인 업무를 수행하고 있습니다.

개선점이란 주로 복잡한 업무 수행 프로세스에서는 찾기쉬운 반면에 단순 업무 프로세스에서는 찾기가 어렵습니다.

그런데 때에 따라 단순 공정에 종사하는 여직원의 제안 실적이 우수한 경우도 있는데, 이는 그야말로 그 여직원이자기 업무에 대한 관심이 많고 문제 의식으로 철저히 무장된 경우에 한합니다.

이런 여직원에게 복잡한 프로세스의 업무를 수행하게하면 아마 제안 실적은 상상하기 어려울 정도로 향상될 것입니다.

따라서 결론적으로 말씀 드리면 대부분의 회사에서 남녀간의 제안 실적 차이는 직무 수행의 조건에 기인한다고볼 수 있으나, 이에 앞서 궁극적인 제안에 대한 능력은 '본인이 자기 업무나 타인 업무에 대해 얼마나 관심을 갖고보느냐'에 달려 있다고 봐야 합니다.

이것이 바로 '문제 의식'이며, 좀 더 광의적으로 표현하면 '주인 의식'이란 것입니다.

Q124

아이디어 제안은 배제되고 실시 제안만 권장되다 보니 제안 건수가 줄어들고, 실시 제안 시 타부서 요청의 경우 시간 제약 및 문제점이 많습니다. 이럴 때는 어떻게 해야 할까요?

A   아이디어 제안(사전 제안)이 배제되는 자체가 문제가 될 수 있습니다.

아이디어 제안과 실시 제안은 각각이 모두 의미가 있는 제도이기 때문입니다.

물론 우리 회사가 제안 제도를 실시한 연륜도 오래되고 모든 것이 정착화 되어 향후 좀더 경영성과와 직결된 제안 제도의 레벨업을 꾀한다면 미래 지향적 제안제도인 실시 제안만을 운영하여도 무방합니다.

또한 이 정도가 되면 제안자 스스로가 실시 제안을 제출하지 아이디어 제안을 제출할 경우는 거의 없게 됩니다.

하지만 귀사의 경우 아이디어 제안 제도가 아직은 필요한 상태가 아닌가 사려됩니다.

단지 제도 운영상 아이디어 제안과 실시 제안의 장점이 모두 살아 날수 있도록 여러 가지 운영의 묘를 기해야 합니다.

예를 들어 아이디어 제안과 실시 제안의 운영 체계를 다음 〈표〉와 같이 설정하여 관리 방법의 차등화를 실시하면 됩니다.

〈표〉 아이디어 제안과 실시 제안의 운영

구 분		아이디어 제안	실시 제안
제안 실적 관리	제안 건수	제안서를 사무국 제출 시 적용	좌 동
	채택 건수	실시 부서 채택 시 적용	실시 완료 후 사무국 제출 시 적용
포상	참가상	실시 부서 채택 시 지급	실시 제안 제출 시 지급
	평점 포상	아이디어 제안 평점 기준표(실시 제안 평가 기준표 동일 적용 가능)	실시 제안 평가 기준표
기 타		• 제안 부서와 실시 부서 간의 원활한 업무 협조 필요 • 제안 제도 운영 초기 단계 회사에 적합 • 제안 제도의 중앙 집중 방식	• 자주 제작실 등의 환경 구축 필요 • 제안 제도 활성화, 안정화 단계 회사 적합 • 제안 제도의 자주 관리 운영 방식

Q125 제안 활동이 간부들의 무관심으로 제대로 활성화 되지 않고 있는데, 이를 활성화할 수 있는 방법에는 어떤 것이 있을까요?

A 제 아무리 과학 기술이 발달하고 좋은 시설이 있어도 정작 그것을 이용하는 사람이 무관심하다면 그것은 무용지물에 불과할 수 밖에 없습니다. 즉, 제안 제도라는 좋은 도구가 있어도 귀사처럼 그것을 사용하는 사람이 무관심하다면 이 세상에 그런 도구는 없는 것이나 마찬가지가 된다는 것이지요!

우선 귀사의 간부들이 왜 제안 제도에 대하여 무관심한 지를 생각해 보는 것이 좋겠지요.

첫째, 간부들의 제안 관련 교육 이수 현황을 살펴봐야 합니다.

3년 이내에 1회 이상 외부 교육을 받지 않았다면 무조건 제안 교육 전문 기관에 교육을 수강하도록 하십시오.

둘째, 타사(가능하면 동종사)의 성공 사례를 입수하여 홍보하세요.

우수 사례를 벤치마킹해 봄으로써 본인들의 생각이 최상이 아니었구나 하는 것을 느끼도록 해야 합니다.

셋째, 제안 제도 운영 절차를 다시 한 번 살펴보세요.

제안서에 대한 검토, 평가 절차가 너무 번거롭게 되어있지 않은지, 제안 주관 부서(품질관리부)의 권한에 비하여 현업 부서장의 권한은 너무 작지 않은지, 제안서 작성 형식이 복잡하지 않은지 등에 대하여 제안 제도 운영 규정을 펼쳐서 조목조목 따져 봐야 합니다.

넷째, 경영자의 관심이 필요합니다.

품질 관리(품질 경영) 활동이 근본적으로 경영자 의지가 없이는 활성화되기 힘들다는 것은 삼척동자도 아는 이야기입니다.

그 이유는 생산 활동은 생산량, 매출액, 재고 금액 등 눈에 보이는 요소가 많기 때문에 시키지 않아도 자연스럽게 관리되는 경우가 많은 반면, 품질 관리(품질 경영) 활동은 현재 문제가 없더라도 좀 더 효율적인 방법이 없을까를 생각하며 질적 향상을 추구하는 활동으로 그 형태가 가

시화되지 않는 경우가 많기 때문에 경영자의 지속적인 관심 표명 없이는 수행하기가 힘든 경우가 대부분입니다.

그러므로 제안 활동에 대한 주요 관리 지표(인당 제안 건수, 참여율, 채택률, 효과 금액, 제안 등급별 분포 등)나 귀사의 회의체(주간 회의, 품질 회의, 생산 회의, 관리자 회의 등)를 통하여 경영자가 실적을 보고 받을 수 있는 채널을 구축하는 것이 좋습니다.

다섯째, 마지막으로 그밖의 문제점이 많다고 생각되면 관리자를 대상으로 설문 조사를 실시하시기 바랍니다.

제안 제도 실시와 관련하여 어느 부분에 불만을 많이 가지고 있는지를 파악할 수 있는 좋은 방법입니다.

조금 더 첨언한다면 설문서 구성 시 설문 조사 결과가 계량화(만족도 지수화)될 수 있도록 구성하면 더욱 좋겠지요.

Q126 제안 활동을 시작한 지 3년이 경과하고 있는데 현장에서 '더 이상 할 것이 없다'고 얘기들 하는데 어떻게 하는 것이 좋을지요?

A '더 이상 제안할 것이 없다' 현장에서 흔히 있을 수 있는 이야기입니다.

귀사에 필요한 것은 우선 제안자들에 제안 접근 방법의 개선일 것 같습니다. 대체적으로 이런 경우에는 기존의 제안들이 미지의 문제를 찾아 제안했기 보다는 자기가 알고 있었던 문제를 제안이란 제도를 통해 실시했을 때 많이 나올 수 있는 말이기 때문입니다.

제안 활동이란 이미 알고 있는 문제를 실시할 수도 있지만, 본래의 목적은 미지(未知)의 문제를 찾아 해결하는데 의미가 있는 것입니다. 그렇기 때문에 '제안은 끝이 없다'라고 얘기할 수 있는 것이구요. 귀사의 제안활성화를 위하여 2가지 사항만 권고 드리겠습니다.

첫째, 문제를 보는 시야를 넓혀 주세요.

문제란 늘상 발생하고 있는 상태를 내가 어떤 관점에서 보느냐에 따라 문제일 수도 있고 아닐 수도 있기 때문에 문제를 접근하는 시야를 넓게 해 주어야 하는 것입니다. 예를 들어 어떤 작업자는 부적합이 발생하기만 하면 무조건 설비만을 문제로 보는데, 그렇게 되면 보는 시야가 설비의 관점에서만 파악되기 때문에 작업자의 문제, 작업 방법의 문제, 작업 재료(자재)의 문제는 아무리 문제가 있어도 보이지 않게 됩니다.

둘째, 아이디어 발상 기법을 교육하세요.

문제 찾는 시야를 넓혔다면 이를 해결하기 위한 대안 창출 방법이 필요합니다. 물론 개인의 경험도 중요한 열쇠이지만 아이디어 발상 기법을 학습한다면 좀 더 빠른 시간에 많은 개선안을 창출할 수가 있습니다.

대표적인 아이디어 발상 기법으로는 브레인스토밍, 브레인라이팅, 결점열거법(희망점열거법), 입출법(入出法), 특성열거법(속성열거법), (오스본)체크리스트법, 카탈로그법, 초점법(焦點法), 시네틱스(Synectics)법 등이 있으니 관련 서적이나 교육을 통하여 학습하시기 바랍니다.

Q127 제안 실천을 해야 하는 과정에서 업무량에 의해 시간적으로 실천할 수 없는 문제가 발생하는데, 타사의 경우 제안 실천할 수 있는 시간을 따로 만들어 주는지요?

A 제안을 실천하기 위한 시간을 별도로 주는 회사는 거의 없다고 봐야 합니다.

제안이란 분임조와 달라 개인이 생각한 아이디어를 스스로 실행하는 방식으로 별도의 회합이 필요하거나 분임조원간의 업무 분담이 필요 없기 때문입니다.

물론 제안 실천을 위한 시간을 마련해 준다면 제안 활동하기가 훨씬 수월해질 수 있으나 이렇게 되면 개선 활동의 본래 의도가 희석될 수 있습니다.

개선 활동이란 어디까지나 주변의 문제를 스스로 찾아내어 고유 업무 수행 중 틈을 내어 개선함으로써 의미가 있는 것입니다.

단지 회사 차원에서 제안 아이디어의 실행 가능성이나

효과성을 스스로 제안자가 검증해 볼 수 있도록 '자주 제작실'이린 것을 설치하여 제안자가 시간이 날 때 자기 아이디어를 실험해 볼 수 있도록 지원하는 경우는 많이 있습니다.

Q128 제안을 잘하고 싶은데 어렵습니다. 어떻게 하면 제안을 잘할 수 있는지 방법이 있으면 알려 주세요.

A 제안을 잘하는 방법이 특별히 정해진 것은 없으나 항상 모든 것에 대해 문제 의식을 갖고 '더 좋은 방법이 없을까?'를 고민하다 보면 자기도 모르게 사물을 보는 눈이 넓어지고 개선해야 할 것들이 눈에 들어옵니다. 이런 상황이 되면 제안거리도 많아지고 개선 또한 용이해지기 마련입니다. 아울러 제안을 잘 하기 위한 마음가짐을 몇 가지로 요약해 정리해 드리니 참고하시기 바랍니다.

첫째, 매사에 호기심을 갖습니다.

모든 것을 그냥 넘기지 않는 꼼꼼함과 '왜?'라는 질문을 달고 살아야 합니다.

둘째, 고정관념을 깨뜨립니다.

우선은 모든 것을 부정하고 보는 데서 아이디어가 창출

되며, 기존의 것이 완벽하다고 생각하면 아무 것도 보이지 않습니다.

셋째, 문제 의식을 갖습니다.

예를 들어 '이거 이상하네', '뭔가 다른 방법이 없을까?' 등과 같은 생각을 자주해야 합니다.

넷째, 메모하는 습관을 기릅니다.

조금이라도 이상한 생각이 들거나 의문이 드는 문제는 뒤로 미루지 말고 그 자리에서 메모합니다. 메모를 하다보면 새로운 아이디어가 떠오를 뿐만 아니라 메모를 보다가 결정적인 실마리를 찾을 수가 있습니다.

다섯째, 연상을 활발하게 전개합니다.

예를 들어 굴착기를 개선하고 싶다면 소의 쟁기에서부터 포크레인에 이르기까지 미슷한 것을 모조리 생각해 봅니다.

여섯째, 배짱을 두둑하게 갖습니다.

열심히 했는데 채택되지 않거나 등급이 낮게 매겨지거나 심사원들 앞에서 발표를 해야 하는 등등의 상황에 많은 사람들이 좌절합니다. 하지만 이는 마음먹기 나름입니다.

일곱째, 관련 서적을 많이 읽습니다.

그리고 무조건 보는 것이 아니라 분류를 나누어 체계를

갖추고 해당 분야 서적을 틈날 때마다 읽어야 합니다. 당장은 도움이 안 될 수 있어도 결과적으로는 많은 아이디어의 기초를 닦을 수 있습니다.

여덟째, 토론하는 자세를 갖습니다.

혼자만의 생각으로는 아이디어가 발전하기 어렵습니다. 다른 사람의 지혜와 지식을 빌리면 서로가 필요한 도움을 얻을 수 있습니다. 술자리도 좋지만 건전한 분임 토의 자리를 자주 만들면 자신과 동료 모두가 발전할 수 있습니다.

Q129 현장에서 문제를 쉽게 찾을 수 있는 체크 항목들을 알고 싶습니다.

A 제안이던 분임조 개선이던 간에 문제를 찾는다는 것은 매우 중요한 열쇠입니다.

문제를 찾는데 있어서 그냥 찾는 것 보다는 이미 많은 경험에 의해 찾아진 문제를 찾기 위한 체크 항목을 활용하면 더욱 문제를 쉽게 찾을 수 있게 됩니다.

일반적으로 많이 활용되고 있는 문제찾기 체크 항목들을 다음 〈표〉에 소개해 드리니 참고하시기 바랍니다.

〈**표**〉 문제찾기 체크 항목

NO	체크 항목	체크 내용
1	현장의 5대 임무	• 품질(Q : Quality)은 어떤가? • 코스트(C : Cost)는 어떤가? • 납기(D : Delivery)는 어떤가?

NO	체크 항목	체크 내용
		• 안전(S : Safety)은 어떤가? • 조직 문화(M : Morale)는 어떤가?
2	현장의 4M	• 작업자(Man)에게 문제가 없나? • 기계와 설비(Machine)에 문제가 없나? • 재료와 부품(Material)에 문제가 없나? • 작업 방법(Method)에 문제가 없나?
3	현장의 3무 (無)	• 낭비는 없는가? • 불균형은 없는가? • 무리는 없는가?
4	작업 방법	• 불필요한 작업은 없는가? • 다른 방법은 없을까? • 작업 담당 설비를 늘릴 수 없을까? • 대기 시간을 다른 데 이용할 수 없을까? • 장착, 분리를 더 빠르게 할 수 없을까? • 사전 준비를 더 간단하게 할 수는 없을까? • 수작업을 자동화로 바꿀 수 없을까? • 공정을 줄일 수 없을까?
5	작업 동작	• 율동적인 동작으로 할 수 없을까? • 더 편한 자세로 할 수 없을까? • 양손 작업으로 할 수 없을까? • 다리도 사용하면 어떨까?
6	지그·공구	• 더 가볍게 할 수 없을까? • 핸들, 스위치 등의 위치는 적당한가? • 다기능의 치공구는 만들 수 없을까? • 램프 표시를 이용할 수는 없을까? • 타이머를 이용할 수 없을까? • 압력을 이용하면 어떨까?

NO	체크 항목	체크 내용
7	기계나 작업대	• 작업대의 높이를 바꾸면 어떨까? • 기계의 간격을 바꾸면 어떨까? • 기계를 반대로 놓으면 어떨까? • 공정 간의 운반을 그만 둘 수 없을까? • 사람이 이동하면 어떨까?
8	공정관리	• 레이아웃을 바꿔 조합할 수는 없는가? • 대기 시간을 없앨 수는 없는가? • 검사를 생략할 수는 없는가? • 공정 간의 밸런스는 좋은가? • 작업량이 일부 작업자에게 치우치고 있는 것이 아닌가?
9	품질	• 작업자에 따른 산포는 없는가? • 부적합 발생 후의 처리를 빨리 할 수는 없을까? • 부적합의 발견을 자동화할 수는 없을까? • 기계의 이상을 빨리 발견할 수 없을까?
10	운반 방법	• 전용 운반차를 사용하면 어떨까? • 이동을 줄이거나 또는 생략할 수는 없는가? • 다른 운반 방법은 없을까? • 한꺼번에 묶어서 운반하면 어떨까? • 바퀴를 더 크게 하면 어떨까?
11	정리·정돈	• 색깔로 분류할 수 없을까? • 자주 사용하는 것이 가까운데 있는가? • 찾는 시간이 많이 들지 않는가? • 버리면 어떨까? • 거의 사용하지 않는 것이 가까이에 있지는 않은가? • 정해진 장소에 제대로 놓여 있는가?

NO	체크 항목	체크 내용
12	소모품·수도·광열	• 회수해서 다시 이용할 수 없는가? • 전등의 밝기를 낮추면 어떨까? • 재료의 질을 바꾸면 어떨까? • 사무용 소모품 등 여러 소모품의 재고는 적정한가?
13	안전과 위생	• 위험물, 유해물은 안전하게 관리되고 있는가? • 석유, 알코올 등의 취급에 만전을 기하고 있는가? • 전기 배선은 안전한가? • 환기는 잘 되어 있는가? • 가루나 먼지는 날리고 있지 않은가? • 조명은 적절한가? • 안전 장치의 보수는 잘 되어 있는가? • 보호구는 확실히 착용하고 있는가? • 표준은 지켜지고 있는가? • 회전 부분이 노출되어 있지 않은가? • 바닥은 미끄럽지 않은가? • 손을 대지 않고 할 수는 없는가?
14	사무 작업	• 그 자료의 작성을 그만 두면 어떨까? • 2개의 양식을 1장으로 합치면 어떨까? • 작성 오류를 줄일 수 없을까? • 전산화할 수 없을까?

Q130

3~4년 전에는 제안 활동이 활발했으나 근래 들어 회사기 그다지 관심을 두지 않아 직원들의 참여도 저조합니다. 또 배점, 심사 등 제도 운영에도 불만이 생기면서 활동과 운영상의 번잡함과 중복의 문제가 지적되고 있는데, 어떻게 해야 할까요?

A

운영상의 번잡함이 무엇인지, 중복의 문제가 무엇인지를 좀 더 구체적으로 표현해 주셨으면 좋겠군요.

첫째, 회사가 관심을 두지 않는다는 것은 최고 경영자의 관심이 없는 것 같습니다.

모든 회사 활동이 그러하겠지만 QM 활동은 특히 최고 경영자의 의지가 없이는 전혀 가동될 수 없는 시스템이라고 해도 과언이 아닙니다.

이 중에서도 제안 업무란 이미 회사의 직무 분장에 의해 정해져 있는 당연직 업무가 아니기 때문에 실시에 대한 강제성을 부여하기가 무척 어렵습니다.

그러므로 제안 활동의 활성화를 위해서는 경영자가 이

제도를 시행하고자 하는 강력한 의지 표명을 해야 합니다.

이런 경영자의 의지 아래 주관 부서에서는 이를 시행하기 위한 인프라 구축을 위하여 교육을 실시하고 제안제도 절차를 수립하면 됩니다. 만약 경영자의 의지가 불투명한 상황이라면, 우선적으로는 회사 간부 회의 시 제안 제도와 관련된 안건이라도 상정하여 경영자께서 제안 제도에 대하여 자주 접할 수 있는 기회를 마련해 보세요.

둘째, 직원들의 참여 정도를 증가시키기 위하여는 다소간의 경쟁 분위기를 조성해야 합니다.

개인별·부서별 제안 실적을 작성하여 문서상이나 게시판에 자주 공지를 실시함으로써 어느 장소에서든지 제안 현황을 전 직원이 알 수 있도록 하세요.

셋째, 제도적인 문제점이 있다면 타사(가능하면 동종사)의 사례를 벤치마킹하는 것이 좋습니다.

우리 회사가 타사보다 잘 하는 면이 많이 있겠지만 벤치마크를 해 보면 우리가 모르고 있던 자사의 문제점이나 타사의 좋은 제도를 발견할 수가 있습니다.

Q131 제안을 많이 하면 그 제안을 채택하여 실시하는 입장에서는 '니 때문에' 일이 많아진다고 불평이 많습니다. 이를 해결할 수 있는 방안이 있는지요?

A 현실적으로 많이 발생할 수 있는 사안이지요.

제안자 입장에서는 말로 지적하는 것이지만 이를 개선하는 입장에서는 몸으로 실천하여야 하기 때문에 때로는 힘들 수가 있겠죠.

그래도 제안 실시자 입장에서는 제안자를 고맙게 생각하는 마음을 가져야 됩니다. 본인이 미처 발견하지 못한 낭비나 비합리 요소를 제3자가 찾아주어 일을 좀 더 효율적으로 할 수 있도록 해준 것이니까요.

그런데 감사의 표시를 취하기는 커녕 '너 때문에 힘들다'고 얘기한다는 것은 제안 활동의 기본적인 취지조차 이해하지 못하고 있다는 것입니다.

이를 해결하기 위해서는 먼저 실시자가 당장은 일이 많

아져 힘들겠지만 그를 통하여 본인의 일이 개선된다는 긍정적인 사고를 갖도록 해야 합니다. 또한 본인의 사고 전환뿐만 아니라 소속 부서장도 제안 실시자의 입장을 고려하여 부서 내 업무 분담을 일시적으로라고 고려하는 배려도 필요합니다.

더 나아가 제안 업무를 총괄하고 있는 사무국에서는 제안 활동 포상 제도를 검토하여 제안자에게 모든 포상이 돌아가고 있다면, 이를 제안자와 제안 실시자가 모두 포상을 받을 수 있도록 인센티브 제도를 변경하는 것도 좋은 방법입니다.

제안자와 실시자가 포상금을 5:5로 지급받도록 하던지 기타의 비율로 하던지는 회사의 사정을 고려하여 판단하면 됩니다.

제안제도의 취지는 누가 얼마만큼 포상을 받느냐 하는 것보다는 제안 제도가 활성화되어 기업의 경영 활동에 기여를 하는 것이 중요한 목적이기 때문입니다.

Q132

여직원들의 제안 활동이 부진합니다. 기계나 부속품의 이름을 잘 몰리서 제안을 하고 싶어도 어떻게 무슨 말을 써야 할 지 몰라 망설여하고, 또 쓰고도 제출조차 못할 때가 있습니다. 이런 점에서 특별히 여직원들이 쉽게 할 수 있는 제안 활동 요령을 알려 주세요.

A 귀사의 경우뿐만 아니라 대부분의 회사에서도 남자들보다는 여성들이 개선 활동에 소극적으로 참여하고 있는 경우가 많습니다.

이에 대한 원인에 대하여 필자가 업체 지도를 통하여 느낀 바로는 크게 두 가지 정도로 귀결되는 것 같습니다.

첫째, 여직원에 대한 교육 훈련이 거의 없는 경우입니다.

회사에서는 제안을 내라고만 하지 '제안서 작성 방법이나 아이디어 발상법 등에 대하여는 전혀 교육을 실시하지 않고 있습니다. 이것은 마치 '우물가에서 숭늉을 찾는 것'과 무엇이 다르겠습니까.

귀하가 이런 경우라면 윗사람과 협의하여 교육 기회를 갖는 것이 필요합니다. 만약 사외 교육에 대한 여건이 어려운 경우라면 귀사의 우수 제안자를 통하여 체험담을 들어보는 것도 좋은 방법입니다.

둘째, 여직원이 자기 업무에 대해 자신감이 없는 경우입니다.

그저 윗사람이 시키는 대로 할 뿐, 이것이 가장 좋은 방법인지, 다른 방법은 없는지 등은 생각해 보지 않고 그냥 아무런 개념 없이 작업을 합니다.

가능하면 나무를 보지 말고 숲을 볼 수 있도록 노력하십시오.

그러면 눈에 보이지 않던 것이 보이게 되며, 기계나 부속품 이름도 저절로 알게 될 것입니다.

Q133 제안 활동을 하면서 개선 아이디어를 실행에 옮기기란 매우 힘이 듭니다. 어떻게 하면 많은 것들을 실행할 수 있는지요?

A 실행하기 힘든 것이 대부분의 회사들 실정이라 해도 과언이 아닙니다.

그 이유는 업무의 우선 순위에 있습니다.

어떤 회사든지 생산 부문에 대한 실적은 지시하지 않아도 어느 정도 계획 대비 실적이 관리됩니다. 하지만 생산 실적에 대한 분석, 즉 생산성 지표 관리, 품질 분석 등은 지시하지 않으면 스스로 하지는 않는 경우가 많습니다.

이는 생산 부문뿐만 아니라 다른 부문에서도 흔히 볼 수 있습니다. 예를 들어 구매는 하지만 구매의 효율성 분석을 하지 않고, 검사는 실시하지만 품질 분석은 하지 않는 경우가 많습니다.

다른 말로 표현하면 업무의 직접적인(기본적인) 행위는

실시하지만, 간접적인(부가적인) 업무는 뒷전에 미루어 놓고 있다고 표현할 수 있습니다.

제안 활동 역시 직접적인 업무라기 보다는 현재의 업무를 좀 더 효율적으로 수행할 수 있도록 평가하고 개선하는 간접적인 업무라고 볼 수 있습니다. 따라서 업무 수행에 있어서 시급성이나 중요성 등에서 항상 우선 순위에서 밀려 있게 마련입니다.

때문에 이를 해결할 수 있는 방법은 제안 활동이 간접 업무가 아니라 직접 업무로 인식될 수 있도록 인식의 전환을 해야 합니다. 즉, 누가 시키지 않아도 스스로 실적을 관리하고 문제가 있을 시 이에 대한 적절한 대책을 실시하도록 해야 합니다.

이렇게 하기 위해서는

첫째, 전 사원에게 교육이나 홍보 활동을 통하여 개선이나 제안 활동의 중요성을 인식시켜야 합니다.

둘째, 관리자가 자기 부서의 생산 실적을 챙기듯이 제안 활동의 실적도 챙겨야 합니다.

셋째, 제안 활동 실적을 대표이사에게 정기적으로 보고할 수 있는 체계를 만들어야 합니다.

Q134 개선 및 제안 효과 파악을 왜 꼭 금액으로 내야 합니까? 금액만큼 진짜 효과가 있다면 벌써 회사가 재벌이 되어 있어야 하는데 그렇지가 않습니다. 왜 그런가요?

A 꼭 금액(유형 효과)으로 파악하라는 기준은 없습니다. 개선 효과는 있으나 그것이 금액화하기 어려운 경우는 무형 효과를 파악하면 됩니다.

하지만 무형 효과나 유형 효과 모두 회사의 경영 이익에 보탬이 된다는 것은 확실합니다.

그럼 뛰어기 길문히신 기업이 재벌이 되어야 하는데, 그렇지 못한 이유에 대하여 몇 가지 이유를 말씀 드리겠습니다.

첫째, 개선 활동을 통하여 많은 원가가 절감되고 있지만 인건비, 재료비, 경비 등이 지속적으로 상승되기 때문에 절감액 모두가 회사 이익으로 직결되지는 않습니다.

둘째, 개선 활동 후의 유형 효과는 향후 예상되는 최대의 절감액을 산출하기 때문에 실제는 이보다 적은 절감 효과가 발생되는 경우가 많습니다.

셋째, 산출된 유형 효과 금액은 관리 손익이지 재무 제표로 검증된 손익 분석이 아닙니다. 특히 인건비 절감의 경우는 절감 작업 시간에 대응하는 부가 가치 작업이 수반되어야 실제적인 효과로 직결됩니다.

기타, 개선 작업의 지속적인 사후 관리, 예상 효과 금액 산출 시점에 비해 실제의 생산량 감소, 제품의 단종 등 여러가지 요인에 의하여 기대한 효과보다 실제 발생 효과는 작아지는 것이 대부분의 업계 현실이기도 합니다.

Q135

어떤 문제의 경우 제안으로 할지, 분임조 활동으로 해결할지 애매할 경우가 많은데, 어떻게 정해야 합니까?

A

절대 애매할 것이 없습니다.

제안 활동과 분임조 활동의 가장 큰 차이점은 혼자서 문제를 직접 해결하거나 타인에게 아이디어를 제공하여 해결하게 할 것이냐에 해당되는 것은 제안으로 해결해야 하며, 문제점은 알고 있는데 해결 방법이 혼자하기에는 어려워 여러 사람의 아이디어나 협동이 필요할 경우에는 분임조로 해결하면 됩니다.

즉 어떤 문제에 대하여 개인으로 할 것이냐 팀 활동을 해야 할 것이냐가 제안과 분임조 활동을 구분하는 큰 획이라 할 수 있겠죠.

좀 더 구체적으로 설명 드리면 목적적인 측면에서는 모두가 업무나 제품의 질을 향상시키기 위한 제도인데 실행 방법에 있어서는 많은 차이점이 있습니다.

분임조 활동은 소집단이란 조직 체계를 구성하여 여러 사람들이 머리를 맞대고 문제점을 분석하고 그 문제점에 대한 원인과 대책을 스스로 실행하는 활동입니다.

그러나 제안 활동은 별도의 조직 체계를 구성하기보다는 개개인이 주체가 되어 스스로 문제점을 파악하여 본인이 직접 해결하던지(실시 제안), 아니면 그 아이디어에 대한 실행을 관련자에게 요청하여 해결(아이디어 제안)하는 방법입니다.

이 두 가지 방법 모두가 문제 해결에 있어서 나름대로의 의미를 갖는 활동입니다. 하지만 분임조 활동은 주로 단일 공정에 여러 작업자가 많을 경우에 실행이 용이하며, 제안 활동은 회사 규모나 공정 구성에 제한을 받지 않고 자유롭게 실시할 수 있는 장점이 있습니다.

제안 제출 단계에서 발생하는 문제점 및 개선
방법에 대해 알려 주세요

A

단 계	문 제 점	개 선 방 법
제 안	제안이 아닌 건의 사항 제출	어떤 개선 사항에 대해 문제점이나 개선 제목만 나열하면 건의가 되므로 구체적인 개선 방법 기술
	질적 수준이 낮은 양적 위주의 제안	TQM 사무국에서 연도 계획 실행 시 양적 목표와 질적 목표 모두를 반영한 계획 수립
		기간별·일자별 제안 실적 관리
	제안서 작성 방법 미숙	제안서 작성 요령, 사례집 등을 복사 또는 제본하여 배포.
		제안서 양식의 간소화

Q137 제안 검토 및 실시 단계에서 발생하는 문제점 및 개선 방법에 대해 알려 주세요.

단 계	문 제 점	개선 방법
검 토	불채택 사유 불충분	채택에 따른 검토자의 업무 증가를 고려하여, 부서장의 적절한 업무 분담 조정
		검토 결과의 검토 부서장 확인
	검토 기일 지연	제안 제도 운영 규정 내에 접수 후 회신 기간 설정
		제안 관리 대장의 철저한 관리
		주간 단위 미검토 제안의 상위자 결재
실 시	채택 제안의 미실시	주기적으로 미실시 제안에 대한 실시 예정자와의 면담 실시
		미실시 제안에 대한 주간 단위 공장장급 이상 보고
		제안 실시자의 업무 부하 증가 정도 파악

Q138 제안 포상 단계에서 발생하는 문제점 및 개선
방법에 대해 알려 주세요.

A

단 계	문 제 점	개선 방법
포 상	포상 미실시	포상 기준의 적정성 파악
		정기적인 포상 일자 설정·운영
		실시 결과(개선 효과)의 확실한 파악
	효과 파악 미흡	유형 효과 제안에 대한 실제 절감액 파악
		무형 효과 제안의 표준화 적용
		제안 제도에 대한 설문 조사
	참여도 관리 미흡	제안 미참여자에 대한 독려
		제안 활성화를 위한 사내외 교육 실시

Q139 많은 돈을 들여야 개선이 이루어지는데, 당장 회사가 어려우니까 개선을 실행하지 못하는 일들이 많이 있습니다. 이럴 때는 어떻게 해야 되는지요?

A 개선안 발상이나 선택 방법을 바꾸는 것이 좋습니다.

소집단 활동에서라면 개선안을 채택하기 전에 경제성 또는 투자액에 대한 평가 항목을 설정하여 이에 대한 적합성을 검토해 봄으로써 돈이 들지 않는 개선을 실행할 수 있습니다.

제안에서라면 아이디어에 대하여 스스로 경제성 또는 투자액을 자문 자답해 봄으로써 이에 대한 문제를 해결할 수도 있겠지요.

일반적으로 개선안의 우수성을 평가한다면 가장 나쁘게 평가될 수 있는 것이 많은 돈이 소요되는 개선안입니다.

좀 더 쉽게 표현한다면 많은 돈을 들여서 개선되는 것은 직접적으로 회사 운영에 도움이 된다기 보다는 아이디어 정도에 지나지 않는 것으로 판단할 수 있다는 것입니다.

사실 이 세상에 돈을 들여 개선되지 않는 것은 하나도 없다고 봐도 과언이 아닙니다. 효과는 작지만 비용 소요가 없다면 그 보다 좋은 개선안은 없다는 것입니다.

특허청에 가서 발명품을 찾아보면 아주 좋은 것이 많지만 그것이 실현되지 않는 이유는 바로 경제성(돈이 많이 들어감)이 없기 때문입니다.

Q140

개선 활동이 계속해서 지속적으로 이루어지지 않고, 모임을 갖는 순간뿐이며 관심도 또한 낮습니다. 분임조 활동이나 제안 활동을 지속적으로 할 수 있는 방법을 알려 주십시오.

A 분임조 및 제안 활동에 대한 의식 전환이 필요합니다.

개선 활동이 안 되는 회사를 살펴보면 종업원 대부분이 분임조 및 제안 활동에 대하여 안 해도 되는 것을 억지로 하고 있다는 인식들을 갖고 있는 경우가 대부분입니다.

마치 우리가 어렸을 때 이 닦는 것을 안 해도 되는 일인데 엄마가 억지로 시켜 할 수 없이 하는 것처럼 인식하였다가 시간이 흐르면서 이것이 습관화되고, 어느 시점에서는 누가 시키지 않아도 당연한 것으로 실시합니다.

분임조 및 제안 활동도 이와 다를 바가 없습니다.

이 닦는 것이 신체의 건강을 유지하기 위하여 누구나 하고 있는 것이라면, 분임조 및 제안 활동은 회사의 건강을 유지하기 위하여 누구나 실시하는 것이라고 인식하면 됩니다.

Q141 개발 진행 과정 중 도면 작성, 검토의 실수, 미확인 등으로 부적합이 발생되는 경우가 있습니다. 실수를 줄이기 위해서 체크리스트를 사용하고 있는데요, 체크리스트 외에 다른 방법에는 어떤 것들이 있을까요?

A 실수란 항상 없애고 싶은 사항이지만 본인 의지와 관계없이 인간이기에 어쩔 수 없이 발생하는 것이 현실입니다. 몸과 마음이 바쁠 경우에 특히 많이 발생하지요.

하지만 기업의 생산 활동에서 이것을 최소화해야 하는 것이 또한 당면 과제이기도 합니다. 질문자께서도 그간 체크리스트를 활용하는데 잘 안 되었던 것 같습니다.

필자 생각에는 우선 실수 때문에 발생한 사항들을 수집하여 정리하는 것이 필요할 것 같습니다. 기존에 사용하였던 체크리스트는 아마 표준형으로 개발된 체크리스트일 것이고, 본인이 그것을 보고도 실수가 발생한다면 본인의 맞춤형 체크리스트를 개발해 사용하는 것이 필요합니다.

사람마다 습성이나 성격이 있어 똑같은 상황에서도 누구는 실수를 하고 누구는 안하는 경우가 발생하기 때문입니다.

기존에 발생한 실수한 사항을 모아 이에 대한 점검용 체크리스트를 만들어 활용한다면 좋은 결과가 있을 것입니다.

다음으로 제조 현장에서 특히 많이 사용되고 있는 풀 프루프(fool proof)이란 방식을 응용해 보시기 바랍니다. 풀 프루프란 인간의 과오나 실수를 제거하는 방법으로 바보라도 할 수 있도록 쉽게 한다는 뜻입니다.

예를 들어 현장에서 'GO NO GO' 지그를 만들어 사용하는 것이나 집에서 외출 시 도어 시건 장치가 완전히 닫히지 않으면 부저가 울리게 하여 소비자의 실수를 방지하도록 하는 것 모두가 풀 프루프의 원리를 이용한 것입니다. 즉 소비자 또는 작업자가 실수를 할래야 할 수 없도록 만들어 주는 것이지요.

Q142 제안할 때 풀 프루프 사고를 많이 하라고 하는데 풀 프루프란 어떤 것인지요?

A 우리 주변에서 흔히 활용되고 있는 풀 프루프 (fool proof) 방법을 몇 가지 소개해 보면 다음과 같습니다.

〈사진 1〉

〈사진 1〉은 알약이 일정량 들어가는 스푼입니다.

필자가 음용하고 있는 모회사 인삼정입니다. 1회에 5알씩을 음용하도록 되어 있으나, 병에 들어 있는 내용물을 손바닥에 쏟다보면 적게 나오거나 많이 나오는 경우가 다반사입니다. 이 스푼은 병속에 집어넣어 꺼내면 5알씩만 나오게 하여 소비자의 편리성을 도모하였습니다.

〈사진 2〉

〈사진 2〉는 거꾸로 꽂으면 들어갈 수 없는 USB입니다.

사용자가 반대로 꽂으면 커넥터 구조가 맞지 않도록 설계하여 USB가 들어가지 않도록 함으로써 실수를 제거한 것이지요. 사실 요사이 현장에서 조립하는 커넥터나 소비자가 꽂는 커넥터는 모두 이런 구조를 채택하고 있습니다.

Q143 일상생활에서 불편한 것을 편리하게 하는 것이 제안이라는 것을 이해할 수 있는 쉬운 사례를 소개해 주십시오.

A 일상생활에서 우리가 흔히 접할 수 있는 제품에 대한 예를 들면 쉬울 것 같군요 모든 제안은 귀하가 질문하신 대로 불편한 것을 개선하는 것에서부터 출발하지요.

그러나 불편해도 그것이 당연한 것이라고 생각하게 되면 제안은 무의미한 용어가 되게 됩니다.

불편해도 불편하지 않게 할 수 있는 방법은 그것에 대해 고민을 하면 반드시 개선 될 수 있다는 것이 제안의 철칙이기도 합니다.

제안을 통하여 개선된 사례들을 몇 가지 소개해 드리겠습니다.

생선을 튀기고 난 플라이팬에 계란을 부치려면 비린내가 나므로 플라이팬을 모두 닦아내고 하게 되지요. 이런 것을 개선하기 위하여 플라이팬을 2~3부분으로 구분되게 제작하여 한 군데는 생선용, 한 군데는 계란용, 또 한 군데는 다른 용도로 사용할 수 있도록 개선하였습니다.

자동차 내부를 청소하기 위해 조그만 자동차용 청소기를 사용 시 시트 밑의 어두운 부분이나 밤에 작업할 때 내부가 잘 안 보여 불편했던 사항을 청소기에 랜턴을 내장시킴으로서 어두운 곳까지 깨끗하게 청소할 수 있도록 하고, 야간에 자동차 점검이나 수리 시에는 랜턴 기능으로 사용할 수 있도록 개선하였습니다.

화장실에서 소변을 본 후 물을 내리면 많은 양의 물이 나와 필요없이 많은 물이 낭비됩니다. 이를 개선하기 위해

좌변기에 부착된 레버를 위로 올리면 대변 시의 30%정도의 물만 배출되도록 개선하였습니다.

완벽 바느질함

어느 가정이나 무엇을 꿰매기 위하여 실패와 바늘을 보관하고 있을 것입니다.

그러나 요사이는 직물 색상이 워낙 다양해 흰색과 검정 색실 2가지만 가지고는 무엇을 꿰매는 것이 거의 불가능합니다. 그리고 바늘도 용도에 따라 크기가 달라 여러 종류의 바늘이 필요합니다.

이런 것을 개선하기 위하여 주먹만한 크기의 통에 12가지 색상의 실, 20가지 바늘, 골무, 줄자, 소형 가위, 바늘 끼우개, 옷핀 2개, 단추 2개 등을 내장하여 싼 값에 판매하고 있습니다.

이외에도 무한히 많은 상품이 제안을 통하여 개선되고 있습니다.

PART
09

제안 경진대회

Q144 제안 경진대회 심사는 어떤 항목에 대해 어떻게 이루어지는지요?

A 제안 활동 경진대회는 산업 현장에서 창의적인 개성으로 제안 활동에 적극 참여하여 품질 향상, 원가 절감, 능률 향상에 크게 기여한 자를 선발·포상함으로써 제안 활동을 활성화시키고 이를 통한 우리 산업의 경쟁력 강화를 도모하기 위해 매년 시행하고 있는 제도입니다.

기업에서 제안 활동을 적극적으로 시행한 직원들이 대부분 참여하고 있으며, 기존에 시행한 제안 활동 중 대표적인 사례를 문집으로 만들어 제출하고, 발표가 이루어집니다.

심사 기준은 크게 서류 및 현지 심사와 발표 심사로 구성되어 있으며, 서류 및 현지 심사 50점, 발표 심사 50점으로 배점되어 있습니다. 주목할만한 사항은 서류 심사에서 40점이상 획득한 경우에만 현지 심사를 실시하며, 대회 출전 자격이 주어집니다.

제안 대회 심사 구성 요소를 설명 드리면 다음 〈표〉와 같습니다.

〈표〉 제안 대회 심사 구성 요소

심사 항목	심사 내용	배점
서류 및 현지 심사		50
제안 건수	- 제안 제출건수	10
	- 제안 채택률(채택 건수/제안 건수×100)	5
제안의 연속성	- 최근 3년간 제안 실적(실시 건수 기준)의 안정도	5
제안 평가	- 제안 배경, 문제점, 개선 내용, 유무형 효과 등에 대하여 독창성, 노력도, 실행성, 효과성, 착안도 등으로 평가	25
기여도	- 사내·외 활동 및 기여도 (체험 사례 발표회, 수상 실적 등)	
	- 자기 계발 노력, 제안의 질적 내용	5
발표 심사		50
제안 제도 운영 시스템	- 운영 시스템 구축 및 지원 실태	10
	- 경영진 의지 및 운영 제도, 제안 실적 관리	
문제 도출 및 개선 아이디어	- 문제 발굴 및 개선안 도출, 아이디어 발상	10
개선 및 평가	- 개선 프로세스, 평가 항목 적정성	15
평점 및 표준화	- 표준화, 수평 전개, 유효성 파악	10
발표의 충실성	- 발표 원고의 충실성 및 내용 전달도	5
계		100

A 제안 대회 참가하기 위해서는 제안 경진 대회 참가 신청서, 제안 실적 현황서, 우수 제안 사례 기술서를 제출해야 합니다.

제안 실적 현황서는 최근 3개년 제안 건수, 채택 건수, 실시 건수, 특허 취득 현황 등을 기재해야 하고, 우수 제안 사례 기술서에는 회사 개요, 제안 배경, 현상 파악, 문제점, 원인 분석, 개선 내용, 개선 전후 유·무형 효과 등에 대하여 회사 자체 양식을 사용하여 A4 용지 3매 이내로 기술 후 제출해야 합니다.

제안 활동에 대한 세부 심사 기준은 제안 제도 운영 시스템, 문제 도출 및 개선 아이디어, 개선 및 평가, 표준화 및 사후 관리 항목으로 구성되어 있으며, 항목별 배점 및 세부 심사 내용은 다음 〈표〉와 같습니다.

〈표〉 개선 제안 발표 심사 기준

심사 항목	착안 사항	배 점	
0. 공 통	① 제안 주제, 문제 해결 방법과 내용에 있어 표절 여부	[등외 결정가능]	
	② 고유 업무가 아닌 제안으로서의 진실성 여부		
	③ 제안자의 발표 여부		
1. 제안 제도 운영 시스템	① 활동에 대한 경영진의 의지는 명확한가?	5	20
	② 제안 제도 운영 프로세스는 어떠한가?	5	
	③ 제안 활성화를 위한 독창적인 운영 제도는 무엇인가?	5	
	④ 제안의 실적 관리 및 홍보는 잘 되고 있는가?	5	
2. 문제 도출 및 개선 아이디어	① 문제를 찾기 위해 노력하였는가?	5	20
	② 도출된 문제점을 누구나 일목요연하게 정리하였는가?	5	
	③ 개선안 도출은 위한 아이디어 발상은 적절한가?	5	
	④ 즉시 실시할 수 있도록 개선 방안이 구체적으로 정리되었는가?	5	
3. 개선 및 평가	① 개선을 위한 계획 수립은 적절한가?	3	30
	② 개선 과정은 실행 단계별로 충실히 기술되었는가?	10	

심사 항목	착안 사항	배 점	
	③ 개선 활동 기간 및 내용은 적절한가?	5	
	④ 필요 시 관련 부서 협소는 질 이루이졌는가?	2	
	⑤ 개선 결과에 대한 효과는 파악되었는가?	5	
	⑥ 개선이 완료된 제안(서)의 대한 평가 방법은 적절한가?	5	
4. 표준화 및 사후 관리	① 개선 결과는 표준화되었는가?	10	20
	② 파급이 필요한 사항은 수평 전개가 실시되었는가?	5	
	③ 개선 효과의 유효성을 모니터링하고 있는가?	5	
5. 원고 작성 및 발표의 충실성	① 경영진 및 지원 부서의 관심도는 어떠한가?	2	10
	② 작성 체제와 내용이 충실하여 모범 사례로서의 활용 가치가 있는가?	2	
	③ 원고 내용 및 발표 내용은 이해하기 쉽고, 성실하게 표현되어 있는가?	1	
	④ 발표자는 발표 내용을 잘 숙지하고 있으며, 청중의 이해를 돕고 있는가?	2	
	⑤ 질문에 정확한 이해와 답변을 하였는가?	3	
계		100	

∶

특 허

Q146 제안 아이디어를 특허 출원하려고 하는데 관련 정보를 알려 주세요.

A 회사 내에서 제안 활동을 하다 보면 내용이 우수하여 대외적인 특허로 연결되는 경우가 종종 있습니다.

이럴 경우 대기업의 경우에는 특허 담당 부서가 있어 출원을 손쉽게 할 수 있습니다. 하지만 이런 상황이 되지 않는 경우라면 이에 대한 절차를 충분히 숙지하는 것이 필요하지요.

특허 출원 및 등록 절차를 간략히 설명 드리면 다음과 같습니다.

• **순서 1 : 출원 상담**

개선 아이디어 내용이 특허 권리를 획득할 수 있는 내용이 충분한지, 충분하다고 판단되면 권리의 범위를 어떻게 설정해야 하는지를 사내 담당 부서나 변리사를 통하여 조사합니다.

- **순서 2** : 선행 기술 검색

  출원하려고 하는 아이디어와 동일한(또는 유사한)발명이 있는지를 찾아봅니다.

- **순서 3** : 출원 서류 작성

  특허 출원 의뢰자가 작성해야 할 가장 중요한 부분으로 '발명의 명칭', '발명의 상세한 설명', '특허 청구 범위', '도면' 등을 작성합니다.

- **순서 4** : 특허 출원

  특허청에 출원 서류를 접수시켜 접수 번호와 출원 번호를 부여받습니다.

  특히 1999년 1월 1일부터는 특허청에 인터넷을 통해서만 출원이 가능합니다.

- **순서 5** : 심사 청구

  출원 후 별도의 심사 청구를 신청합니다. 대부분 출원과 동시에 심사 청구를 하지만, 만약 특허 출원 후 5년 이내에 심사 청구를 하지 않으면 그 출원은 자동적으로 취하한 것으로 간주됩니다.

- **순서 6** : 조기 공개 및 출원 공개

  일반적으로 특허 출원을 한 후 특허청에서는 출원일로부터 1년 6개월이 경과되면 출원 공개를 실시합니다.

  출원 공개는 특허 공보(CD-ROM 제작)를 통하여 시행합니다. 단 출원 공개 전 제3자의 실시가 있을 경우, 특허권 보호를 받기 위하여 조기 공개를 요청할 경우 4~5개월 후에 출원 공개가 됩니다.

- **순서 7** : 심 사

  제출된 출원 서류를 근거로 정해진 심사관에 의해서 실시합니다.

- **순서 8** : 특허 사정

  심사 결과 거절 사유가 없거나 거절 이유 발생 시 출원인 의견서 및 보정서 제출로 거절 이유가 해소되었다고 판단될 경우 특허 결정이 됩니다.

  또한 특허 권리는 출원일로부터 20년간 유지됩니다.

  이해를 돕기 위하여 현재까지 말씀드린 내용을 정리하면 〈그림 1〉과 같으며, 특허권리증 사례는 〈그림 2〉와 같습니다.

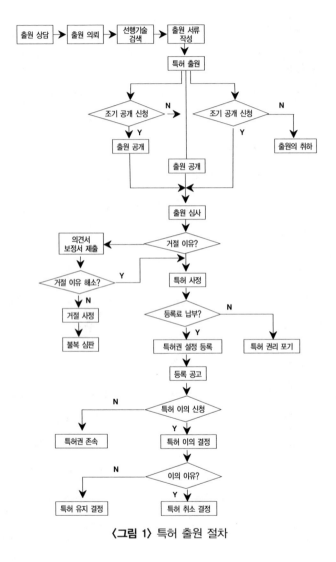

<그림 1> 특허 출원 절차

〈그림 2〉 특허권리증(예)

필자도 1980년대 중반에 특허 출원을 통하여 특허권을 소유한 경험이 있습니다. 실제 출원 신청을 할 경우 필자가 얘기한 것보다 좀 더 복잡한 실무가 진행됩니다.

따라서 특허 출원을 할 아이디어가 있다면 변리사 사무소나 특허청을 방문하여 자문 받기를 권고 드립니다.

Q147 일상생활에서 좋은 제안이나 아이디어는 특허권을 취득할 수 있는지, 있다면 신청 방법을 설명해 주세요.

A 물론 취득할 수 있으며 이를 위해서는 특허청 민원실이나 각 시·도 상공회의소에서 배부되는 소정의 양식을 작성하여 방문 또는 우편으로 접수해야 합니다.

요즘은 정보 산업의 발전으로 인터넷으로 신청도 가능합니다.

지적재산권은 특허, 실용신안, 의장, 상표로 구분되며 내용에 따라 신청 서류나 출원 절차가 다소 상이합니다.

여기서는 특허를 신청하기 위한 구비 서류는 다음 〈표〉와 같습니다.

〈표〉 특허 출원 시 구비 서류

구 분		구비 서류
전자문서출원	인터넷 (ON-LINE)	1. 출원서 : 1통 2. 요약서, 명세서, 도면 : 각 1통 ※ 방법 특허인 경우 도면 생략 가능 (단, 실용신안은 반드시 도면 필요)
	디스켓(FD)	FD 1장과 FD 제출서를 함께 제출
서면 출원		온라인 출원 시 제출하는 서류를 각 2부씩 제출
기타 구비 서류 (해당자에 한함)		– 대리인의 경우 대리권 증명 서류 1통 – 미성년자 등 무능력자가 법정 대리인에 의하여 출원하는 경우 주민등록등본 또는 호적등본 1통 – 특허료·등록료 및 수수료 면제 또는 감면 사유 기재 및 이를 증명하는 서류 1통

출원 이후에 출원인은 심사 청구를 출원일로부터 5년이내에 하여야 하며(출원인이 아닌 제3자도 청구 가능), 그 기간 내에 심사 청구하지 않을 때는 그 출원을 취하한 것으로 봅니다.

심사 청구에 의해 본격적인 심사가 진행되며 일반적으로 특허 심사 청구 후 약 28개월 정도가 소요됩니다.

특허, 실용신안, 의장 등록 등의 용어가 많은데, 이들의 차이를 알려주세요.

A

일반적으로 '산업 재산권'을 모두 특허라고 얘기하지만, 이를 정확히 구분해 보면 다음 〈표〉와 같이 4가지로 분류할 수 있습니다.

〈표〉산업 재산권 유형

구 분	정 의	적용 사례	존속 기간
특 허	아직까지 없었던 물건 또는 방법을 최초로 발명한 것 (대발명)	벨이 전자를 응용하여 처음으로 전화기를 생각해 낸 것과 같은 발명	설정등록일 후 출원일로부터 20년
실용 신안	이미 발명된 것을 개량해서 보다 편리하고 유용하게 쓸 수 있도록 한 물품에 대한 고안 그 자체(소발명)	분리된 송수화기를 하나로 하여 편리하게 한 것과 같은 형상이나 구조 등에 관한 고안	설정 등록일 후 출원일로부터 10년 (구법 적용분은 15년)

구 분	정 의	적용 사례	존속 기간
의 장	물품의 형상, 모양, 색채 또는 이들을 결합한 것으로서 시각을 통하여 미감을 느끼게 하는 것	탁상 전화기를 반구형이나 네모꼴로 한 것과 같이 물품의 외관에 대한 형상, 모양, 색채에 관한 디자인	설정 등록일로부터 15년
상 표	타인의 상품과 식별하도록 하기 위하여 사용되는 기호, 문자, 도형이나 이들을 결합한 것 또는 이들과 색채와의 결합으로서 타인의 것과 명확히 구분되는 것	전화기 제조 회사가 자사 제품의 신용을 유지하기 위해 제품이나 포장 등에 표시하는 표장으로서의 상호, 마크 등	설정 등록일로부터 10년(10년마다 갱신 가능, 반영구적 권리)

Q149 특허 출원 및 등록 절차를 알고 싶습니다.

특허에 대한 출원 및 등록 절차는 다음과 같습니다.

특허 처리 절차

| 출 원 | • 출원서, 명세서, 필요한 도면, 요약서 등을 작성 |

| 자진 보정 | • 출원일로부터 1년 3개월 이내 , 최초 출원의 범위 내에서 자진 보충·정정가능 |

| 심사 청구 | • 출원과 동시 또는 출원일로 부터 특허는 5년 내, 심사미 청구 시는 출원 취하로 간주 |

| 출원 공개 | • 출원일로부터 1년 6개월 경과 후 심사 진행과 무관하게 자동 공개
• 출원 공개 효과
　A. 공증 심사 : 공개된 출원에 대해 제3자에게 정보 제출
　B. 타인의 실시에 대한 경고 및 특허 등록 후 보상금 청구권의 행사
　C. 공개 후 타인에 의한 동일 특허 내용 출원의 거절 이유로 활용 |

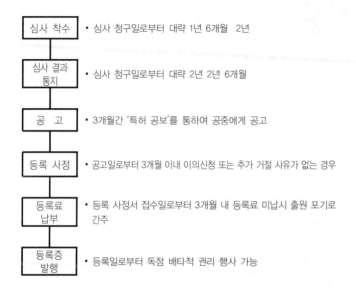

심사 착수 • 심사 청구일로부터 대략 1년 6개월 2년

심사 결과 통지 • 심사 청구일로부터 대략 2년 2년 6개월

공 고 • 3개월간 '특허 공보'를 통하여 공중에게 공고

등록 사정 • 공고일로부터 3개월 이내 이의신청 또는 추가 거절 사유가 없는 경우

등록료 납부 • 등록 사정서 접수일로부터 3개월 내 등록료 미납시 출원 포기로 간주

등록증 발행 • 등록일로부터 독점 배타적 권리 행사 가능

특허 출원 명세서 작성 요령을 알려 주세요.

A　　특허 출원 명세서 작성에 필요한 기술 사항은 '발명의 명칭', '도면의 간단한 설명', '발명(고안)의 상세한 설명', '특허의 청구 범위' 등에 대하여 기술하여야 하며, 기술하는 방법을 설명 드리면 다음과 같습니다.

1. 발명의 명칭

개발한 특허 내용에 대한 제목을 간략, 명료하게 기술합니다.

2. 도면의 간단한 설명

발명한 품목에 대한 도면에 대하여 중요한 부분에 대하여 설명합니다.

3. 발명(고안)의 상세한 설명

3.1 산업상 이용 분야

구체적인 특허 청구의 대상이 속하는 기술 분야를 3~5 행 정도로 요약·기재합니다.

3.2 종래의 기술

'종래에는 ~가 있다.'는 식으로 기재합니다.

3.3 발명의 목적(배경)

종래 기술의 결점을 어떻게 보완할 것인가를 서술합니다.

3.4 발명의 구성

발명의 목적이 실현될 수 있는 특징적인 구성을 특허 청구 범위와 일치되도록 합니다.

3.5 작 용

각 수단의 역할과 작동 관계를 기재합니다.

3.6 실시 예

발명의 대상이 기계, 기구, 장치 등인 경우에는 구체적이고도 실질적인 실험 예가 기재되어야 합니다.

실시 예는 가능한 한 많은 경우를 열거하는 것이 기술적 범위를 확대해서 할 수 있고, 타인이 출원 발명을 변형하여 출원하는 것을 방지할 수 있습니다.

3.7 발명(고안의 효과)

특유의 장점을 기재합니다.

4. 특허 청구의 범위

특허 청구의 범위는 보호를 받고자 하는 사항을 명확히 기재해야 하며 2개 이상의 항을 기재하여도 좋습니다.

특허 청구 범위는 권리 보호에 있어서 핵심적인 부분이므로 매우 정확하고 엄밀하게 작성해야 합니다.

참고 문헌

6시그마 접목 분임조·제안 컨설팅, 김창남, 한국표준협회, 2001.

개선제안 즉실천 교재, 한국표준협회, 1997.

나부터 실천하는 제안활동, 한국표준협회, 김창남, 2010.

마인드맵 북, 토니부잔, 영신사, 2011.

불황을 타개하는 아이디어 발상법, 강석동, 도서출판 황금두뇌, 2011.

브레인라이팅, 디카하시 마코토(송수영 역), 도서출판 이아소, 2010.

실행하기 쉬운 21세기형 제안제도, 어용일, 한국능률협회, 2003.

아이디어 레시피, 구와하라 마사히로(KMAC 역), 한국능률협회, 2010.

아이디어 발상의 끝은 없다, 우흥룡·진선태, 창지사, 2004.

아이디어 발상 A To Z, 황희수, 2003.

제안제도 운영 실무 교재, 한국표준협회, 2000.

제안제도 추진자 교재, 한국표준협회, 2000.

제안제도 활성화 핵심 노하우 48, 어용일, 리드리드출판, 2011.

제안활동의 모든 것, 김영구, 김영선, 금영출판사, 1999.

제안활동을 위한 창의력 개발 교재, 한국표준협회, 1999.

제안활동 ABC, 김문태, 한국표준협회미디어, 2007.

창의성 개발, 정창덕, 도서출판 들샘,2006.

창의력 교과서, 박종안, 도서출판 푸른솔, 2009.

창의력의 또다른 이름 TRIZ, 인피니티북스, 2009.

TRIZ를 활용한 창의적 문제해결방법, 전영록, GS인터비전, 2011.